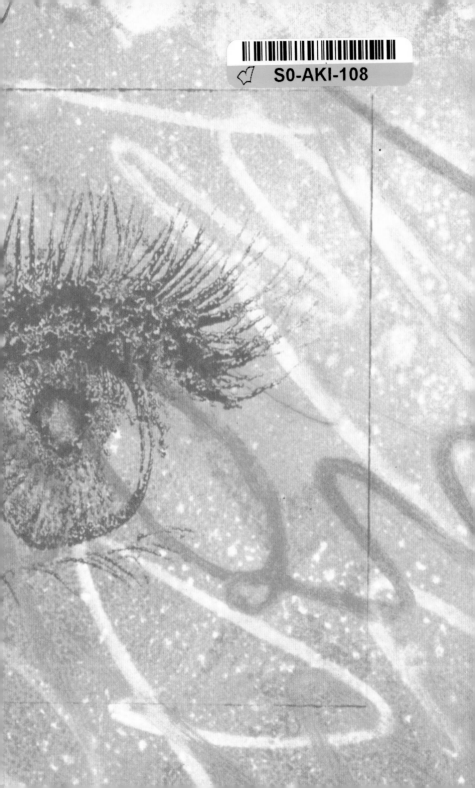

ACÉRCATE A LA ASTROLOGÍA

ACÉRCATE A LA ASTROLOGÍA

PROFESOR MÉRCURY

Copyright © EDIMAT LIBROS, S. A.
C/ Primavera, 35
Polígono Industrial El Malvar
28500 Arganda del Rey
MADRID-ESPAÑA
www.edimat.es

ISBN: 84-9764-413-1
Depósito legal: M-25084-2005

Colección: Enigmas de las ciencias ocultas
Título: Acércate a la astrología
Autor: Profesor Mércury
Diseño de cubierta: Juan Manuel Domínguez
Impreso en: Artes Gráficas Cofás

IMPRESO EN ESPAÑA – *PRINTED IN SPAIN*

AGRADECIMIENTOS

De todo corazón, a Carmen Moya Fernández (Géminis ascendente Virgo), mi secretaria, juvenil simpática geminiana, que con su paciencia y el ordenador pasó a limpio el libro; mi más efusivo agradecimiento a mi hermano espiritual el marqués de Araciel; a Anastasio Gargantilla, autor del prólogo, así como a Adolfo López Monteagudo; a mis padres, María (Aries ascendente Virgo) y Manuel (Acuario ascendente Capricornio), por haberme traído al mundo; por toda su sabiduría, por la ayuda espiritual y humana, a mi hermano Ángel, que con sus consejos, pulcritud y conocimiento literario me ayudó a enriquecer mi vocabulario, un Leo ascendente Escorpio; a mi otro hermano, Francisco Javier, amante del deporte, por su conocimiento de la bicicleta y fiel sabiduría, un Leo ascendente Libra, lleno de potencia humana; a mis cuñadas, Mari Carmen y Ana; a mis sobrinos, Óscar, Mariví, Cristina y Maider, por su alegría de juventud; a Mavi Fernández y su esposo, Juan Antonio Suárez, por sus enseñanzas en el ordenador; a Jesús Trigo Marco, por sus consejos, maravillosos; a mi profesora de WordPerfect, Flora Blaya Torrubiano; a mis profesores de astrología, Rosa Oliva, Irina Trinchant, Daniel Dancout, Howard Sasportas; a la Facultad de Estudios Astrológicos de Inglaterra y a mi profesor de astronomía, José Ripero. Recordando también con cariño a mis clientes, que en la consulta han solicitado mis servicios para poder llevar una vida mejor; de manera especial a Dale Carnegie, por sus muchas enseñanzas en «Oratoria afectiva» y

«Relaciones humanas»; a Louise L. Hay, por sus libros de desarrollo personal que tanto me han ayudado. A mis amigos, por su compañía en los momentos fáciles y difíciles; a Rubén Albornoz Lombardo, por sus magníficos dibujos sobre los signos del Zodíaco; a mis maestros de Reiki, Rita Freyeisen, Aliz, Eli y Encarnación Mansó Nogales; a mis amores, que con ellos he crecido y he aprendido grandes lecciones de amor; a todas las personas que, a pesar de las muchas dificultades que a veces plantea la vida, luchan con tesón por sus objetivos. Por último, a usted por acercarse a mi libro.

PRÓLOGO

No me he puesto a pensar si tengo o no cualidades de pro-
loguista. Creo sinceramente que carezco de ellas. Aunque no
sea más que por no haberme ejercitado en el género de la
astrología, difícil por otra parte. Pero yo no puedo negar nada
al autor de este libro. Como que me unen a él vínculos de
amistad profundamente estrechos y desde hace muchos años
para tamaña desatención por mi parte.

Porque —ante todo—, en la ya larguísima historia de nuestra amistad, el profesor Mércury ha sido uno de los hombres
más luchadores y honestos que he conocido, con lo cual llegó
a ser uno de mis predilectos. No porque no los quisiera a todos
los amigos por igual, sino porque en él veía, gozoso, apuntar
los brotes que una vocación literaria que, hoy, florece y fruc-
tifica en tan bello y sencillo libro como *Acércate a la Astrología,* que tan profundamente él conoce.

Naturalmente, cada uno ha seguido —dentro del plano
profesional— la senda señalada por el Creador. Pero, así y
todo, nos hemos encontrado muchas veces. Ya tecleando en
la máquina de la redacción de la revista de turno, ya diri-
giendo una conferencia en cualquier pueblo de la geografía
española.

Y en una y otra tarea, en este o en el otro puesto, siempre
me ha llamado poderosamente la atención en el profesor Mércury el dominio, sereno e inalterable de su espíritu, que no
necesita reconcentrarse ni evadirse del mundillo circundante

—visitas, comentarios, interrupciones— para retener el hilo del discurso y rematar victoriosamente su tarea.

Quien haya leído y considerado detenidamente los artículos que en distintos medios de difusión ha venido publicando sobre el tema que nos ocupa el profesor Mércury, tendrá una idea anticipada y casi exacta de lo que vale este libro.

Sin embargo, a medida que el autor se va adentrando en el espeso temario, se observa en él como una mayor seguridad. Más plenitud en el conocimiento de la materia, más agudeza en la observación, más facilidad y riqueza en el lenguaje, siempre familiarizado, cada vez más, con estos temas tan profundos como apasionantes. Y todo ello, apostillado de testimonios selectísimos —fruto de bien asimiladas lecturas— y revestido del encaje vaporoso de la anécdota del ejemplo.

No me sorprendería nada que *Acércate a la Astrología* tenga una brillante aceptación en el público, particularmente juvenil. Y es que, ¿a qué lector o lectora —medianamente curioso— no seduce el análisis, certero y sutil de los fenómenos que con harta frecuencia experimentamos? ¿Cómo no preocuparnos de la sublimación de los valores que nos dan los signos astrológicos de los que el Divino Hacedor quiso adornar nuestra naturaleza?...

Las grandes ideas brotan del corazón, decía Pascal. Quiere decir que en la práctica es el corazón, con su poder afectivo, el que ejerce una influencia a veces decisiva en la suerte de la conducta humana. El profesor Mércury trata precisamente, a través de sus conocimientos, de llegar, de una manera sencilla, a los corazones humanos. Es importante, por ello, adentrarse en la lectura de este libro.

No podemos solamente «pasar» por la vida, ocupar un lugar en la gran familia humana, sin «interesarnos» complaciéndonos en los variadísimos matices que la vida ofrece.

Vivir es ser capaz de emocionarse, sentir el aceleramiento del corazón, las pausas precursoras del entusiasmo, la «chispa» luminosa que brota de la lectura de libros con éste y de nosotros mismos, las inmensas alturas de la Tierra y del espíritu, las profundidades del amor y el vértigo de la belleza.

No es, no, una concepción simplemente naturalista o humanista la que inspira las sensatas y luminosas páginas de este libro, llamado a corregir tantos fallos como existen en estos temas. Lo que el profesor Mércury persigue incansablemente es el sanear algunas de las lagunas existentes en la materia y agrandar los conocimientos.

De esa manera —tallada con tanto celo— han de salir los verdaderos interesados en adentrarse en el conocimiento de la verdadera astrología.

Es hermoso ser tan feliz que hasta tiende la mano para levantar tantos muertos de hastío y amargura. Y esto es lo que, a nuestro juicio, pretende el profesor Mércury al ofrecer al lector el libro que tiene en sus manos.

Anastasio Gargantilla

Premio de Periodismo «Mariano José de Larra, 1994»,
otorgado por la Unión de Periodistas Españoles,
Sindicato de la Comunicación

A MI HERMANO DEL ALMA (NAVARRO-INTERNACIONAL, EL PROFESOR MÉRCURY)

El profesor Mércury es un astrólogo extraordinario, así como humanista. Como paisanos que somos, admiro su vida pacífica y de entrega a los demás. Por su destacada sensibilidad, posee una intuición muy desarrollada, y por el tono de la voz, sabe cuáles son las características de una persona. Para ello tiene la carrera superior de música, él da mucha importancia a los ojos de una persona, así como a la expresión de sus manos.

Su libro *Acércate a la Astrología* le ayudará a descubrir el misterioso simbolismo de los planetas y su influencia en las personas. El profesor Mércury ha luchado con tanto tesón y ahínco para profundizar en la astrología, que le auguro un brillante éxito en este libro que, para poder llevarlo a cabo, ha estado estudiando veinticinco años intensamente. Su archivo de personajes es tan grande que son más de veinticinco mil personas las que conoce por su signo astrológico. Su aspiración como ser humano es que el hombre haga lo que tiene que hacer, es decir: realizarse como persona, ser y hacer felices a los demás, y pensar en positivo hasta en los momentos más difíciles de la vida.

Marqués de Araciel (vidente)

Premio extraordinario Instituto
Metapsíquico de París, 1957

AL PROFESOR MÉRCURY, GRADUADO DE LOS CURSOS DALE CARNEGIE

Era una clara noche del verano de 1980 cuando me encontraba en la zona de proa de un gran barco pesquero en aguas del Mediterráneo, compartiendo una animada conversación con parte de la tripulación de aquel buque, pescadores desde la piel hasta los huesos. Soplaba una brisa fresca y, entre el sonido del mar al chocar contra el casco del barco y la charla de los marineros, aún podía disfrutar de la esplendidez del cielo oscuro y claro a un tiempo.

En un momento determinado, reparé en el puente de la nave, donde el capitán observaba los instrumentos de a bordo —radar, sonar, radio, etcétera—. Con ellos dirigía nuestro rumbo, y no pude por menos que reflexionar acerca de lo que cambian las cosas. En otro tiempo, Simbad surcaba las aguas guiado por las estrellas y hoy son los tediosos instrumentos electrónicos los que tratan de gobernamos.

Yo, desde aquí, quiero valorar a mi querido amigo el profesor Mércury, entrañable y singular persona de arrolladora simpatía, graduado de los cursos Carnegie, que, contra los vicios tecnológicos, trata de guiarnos por el camino de las estrellas, que nos ayuda a soñar y que, con su profunda sabiduría, nos da apoyo y confianza en la vida y en nosotros mismos.

El presente libro, en mi opinión, es un rico exponente del buen hacer, que sirve como instrumento para que cada uno consiga «encontrarse a sí mismo».

Adolfo López Monteagudo
Associate Sponsor «Dale Carnegie»

INTRODUCCIÓN A LA ASTROLOGÍA

La ciencia más antigua que conoce el hombre

La astrología es la ciencia más antigua que se conoce: se tienen datos que demuestran que se usaba en todo el planeta Tierra. Hay que tener en cuenta que los primitivos astrólogos eran astrónomos. Estos estudios se separaron a partir del siglo XVII. Ello fue debido al invento del telescopio.

La astrología moderna

Está basada en el Sistema Solar percibido desde nuestro planeta; por esta razón, visto desde la Tierra, nuestra visión es geocéntrica. Por fortuna para los astrólogos y las personas que se benefician del conocimiento astrológico, en la actualidad se están creando centros, asociaciones, se dan conferencias y se escriben las últimas investigaciones en los medios de comunicación, junto con la edición de libros. De esta manera quien quiera tener una visión más profunda de la astrología la puede encontrar leyendo con detenimiento dicha literatura.

Horóscopo

Se relaciona con el nacimiento de la persona y su relación con la situación planetaria en ese momento en el cielo. Con esto se pueden hacer predicciones de la persona en cuestión.

En la actualidad, se ha puesto de moda el horóscopo en periódicos, revistas, radio y televisión. Hay que tener en cuenta que las predicciones que se hacen en estos medios están basadas únicamente en el Sol de cada signo, por ello una carta astral tiene más profundidad y posibilidades de acierto que el horóscopo, ya que en la carta astral, si hacemos predicciones sobre ella, se tienen en cuenta todos los planetas y las doce casas y los doce signos astrológicos.

Influencia de los planetas

El Sol

Aunque es una estrella, en astrología lo tratamos como un planeta. Mitológicamente representa el dios solar, quien da luz. Este planeta es la fuente de la vida, se relaciona con el macho, el yang. Toda la vida de nuestro planeta depende de él, todos los demás planetas giran a su alrededor. Es la fuerza de la voz espiritual que con firmeza dice «Yo soy».

Psicológicamente, se siente su fuerza y poder en el período de la adolescencia. Éste es uno de los factores de mayor importancia en una carta astral. Actúa como si fuera un director de orquesta. Es el principio masculino, el ser que crea.

El metal del Sol es el oro. Rige el signo de Leo y también la casa que tenga a Leo en la cúspide.

Su posición en la Carta Natal por signo, casa y aspectos, nos indicará la forma de nuestro ser, la creatividad potencial para lograr nuestro autoconocimiento.

La Luna

Aunque es un satélite, lo tratamos también como un planeta. Mitológicamente representa a la madre, la popularidad, las masas, la noche, el yin. Es un principio básico que sirve para sostener y mantener la vida. No tiene luz propia. Su fuerza está relacionada con las mareas. Al estar el cuerpo humano compuesto por tres cuartas partes de agua, el estado físico del ser humano está unido a las fases de la Luna. Así como el Sol da luz de día y anuncia el amanecer, la Luna es la misteriosa de la noche e, igualmente, se relaciona con el inconsciente.

Psicológicamente, la Luna es fiel representante del inconsciente, los rasgos que heredamos, estados de ánimo y el comportamiento. Esta influencia de la Luna es muy potente en el período de nuestra infancia.

Su metal es la plata. Rige el signo de Cáncer y también la casa que tenga a Cáncer en la cúspide. Tarda dos días y medio aproximadamente en cambiar de signo astrológico y veintiocho días en girar sobre su eje.

Mercurio

Mitológicamente, representa al mensajero de los dioses, el dios de la Elocuencia. Rige a Géminis y a Virgo y también a la casa que tenga a éstos en la cúspide. Este es el planeta que nos hace comunicarnos con los demás, bien por medio de palabras, escritos, viajes, etcétera. Se dice que Mercurio tiene alas, es decir, que tiene gran capacidad de pensar. Es el planeta más pequeño del Sistema Solar y es el más cercano al Sol. Tarda ochenta y ocho días en dar la vuelta sobre su eje.

Psicológicamente, este planeta es representante de una necesidad de comunicar y comprender de las siguientes formas: viajando, hablando o escribiendo, siempre comunicando todo su conocimiento.

Su metal es el mercurio. Las personas mercurianas a veces quieren las cosas muy rápidas. Su posición en la Carta Natal, por signo, casa y aspectos, nos indicará su tipo de mentalidad. A su vez está relacionado con el detalle y ayuda a los artistas.

Venus

Mitológicamente, representa a la belleza, la madre de Eros y la diosa del Amor.

Fue Galileo Galilei el primer científico que vio este planeta. Está relacionado con lo femenino, como oposición al planeta Marte, que representa el planeta masculino. Venus tiene como función armonizar el disfrute de la parte deliciosa y fantástica del amor. Igualmente tiene la capacidad de valorar todas las manifestaciones que estén relacionadas con el arte, así como las creaciones humanas.

Psicológicamente, es quien nos impulsa a llevar una relación con los seres humanos, para encontrar una satisfacción, reconciliarnos en una unión estrechamente ligada al otro. Esta energía venusiana se siente experimentalmente con toda su intensidad en la adolescencia, cuando se tiene la necesidad de encontrar una pareja. Tarda doscientos veinticinco días en dar la vuelta sobre su eje.

Su metal es el cobre. Rige al signo de Tauro y Libra y la cúspide de la casa que cae en estos signos.

Marte

Mitológicamente, es el dios de la Guerra. A este planeta rojo se le llamó en la antigüedad el maléfico menor, ya que se relacionaba con la destrucción, el fuego y las guerras. Este es el planeta que nos defiende de nuestros enemigos. Es el principio masculino, lo contrario a Venus, que representa al principio femenino. A Marte se le relaciona con el impulso sexual masculino. Nos da la fuerza relacionada con los músculos y, por tanto, nuestra capacidad de recuperación. «A buen seguro que Marte será el próximo planeta que el hombre querrá visitar».

Psicológicamente, este planeta guerrero es quien representa el impulso vital para poder combatir cualquier problema, tener un fuerte valor con el cual defender nuestros derechos. Asimismo, puede indicar el tipo de trabajo que puede llevar a cabo un individuo. Esta fuerza de Marte se experimenta con más fluidez en la madurez temprana. Tarda seiscientos ochenta y siete días para completar su revolución alrededor del Sol.

Su metal es el hierro. Rige a los signos de Aries y Escorpio y la cúspide de la casa que cae en estos signos.

Júpiter

Mitológicamente, es el padre de los cielos. Rige a Sagitario y la cúspide de la casa que cae en este signo. Planeta benefactor que todo lo engrandece, que da suerte, abundancia y optimismo. Está relacionado con el deporte, los viajes largos. Su función es la de crecer, desarrollarse; es la esperanza para poder conseguir las cosas. Como todo lo aumenta, en ocasiones Júpiter exagera también los problemas y puede crear delirios de grandeza. Por oposición al planeta Saturno, que todo lo hace más pequeño, Júpiter es expansivo. Tarda 11,86 años en llevar a cabo una revolución solar completa alrededor del Sol.

Psicológicamente, da un alto sentido de la justicia, de lo religioso. Ayuda a realizar viajes largos. Está relacionado con las fiestas, la alegría, la risa, el optimismo desmesurado. Fue él quien creó la ley y el poder. Por ello muchos hombres se dirigían a Júpiter para solicitarle la suerte en las batallas.

Su metal es el estaño. Su posición en la Carta Natal, por signo, casa y aspectos, nos indica el grado de confianza, fe y ánimo de la persona.

Saturno

Mitológicamente, es el padre anciano. Relacionado con el tiempo. El segador. Así como Júpiter engrandece todo cuanto toca, Saturno restringe. Sin la función de Saturno existiría el caos y el desorden. Se le asocia con el padre y la gente mayor. Ayuda mucho a administrar nuestros recursos. Tarda 29,46 años en completar su revolución alrededor del Sol. Fue Galileo Galilei el primer científico que lo observó.

Psicológicamente, nos incita a la superación, al orden, el sentido del deber, la responsabilidad, y da gran fuerza para la superación. Asimismo, crea obstáculos haciendo que se retarden los acontecimientos. Cuando la persona llega a la vejez, es cuando más se potencia este planeta, ya que da concreción y sabiduría.

Su metal es el plomo. Rige a Capricornio y Acuario, así como la casa con la cúspide que cae en estos signos. Su posición en la Carta Natal, por signo, casa y aspectos, nos indica las lecciones que tenemos que aprender, aceptar las obligaciones, y de esta forma adquirir madurez y sabiduría.

Urano

Mitológicamente, es el padre de Saturno. Rige a Acuario y a la cúspide de la casa en Acuario. Planeta relacionado con la libertad, las sorpresas, los cambios bruscos y, sobre todo, lo relacionado con la astrología y el «Más Allá». Su descubrimiento se debe al astrónomo inglés Sir William Hershel y tuvo lugar el día 13 de marzo de 1781 en Bath (Inglaterra) a las 21:00 horas. Se llevó a cabo cuando realizaba la búsqueda rutinaria de algunos objetos estelares en las constelaciones de Géminis. Es curioso ver que este planeta se descubrió el mismo año en que nació el compositor Wolfgang Amadeus Mozart (27-2-1781) justo catorce días más tarde de su nacimiento.

Psicológicamente, se relaciona con los cambios bruscos, lo que tiene visión de futuro, la electricidad, la aviación y los ordenadores. Es quien se rebela con todo lo establecido con anterioridad. A la persona con fuerte influencia de Urano no le preocupa en absoluto lo que piensen los demás. Da también personas bastante nerviosas e inconformistas.

Su metal es el uranio. Su posición en la Carta Natal, por signo, casa y aspectos, nos indica la capacidad de renovación e inventiva que tenemos. Tarda ochenta y cuatro años en su revolución solar.

Neptuno

Mitológicamente, es el «dios del Mar». Rige a Piscis y la casa con la cúspide en Piscis. Éste es el planeta relacionado con los sueños, las cosas irreales, la mediumnidad, el tercer ojo y todo cuanto se anhela que está más allá de nuestra realidad. Fue descubierto en el año 1846 por Urbain Levenier, a través de cálculos matemáticos, después de que se descubriera Urano. Es curioso ver cómo se fueron creando hospitales y se experimentó el hipnotismo, sesiones de espiritismo y la tabla de la Ouija a partir de su descubrimiento.

Psicológicamente, se relaciona con el curanderismo, la sanación, el misterio, lo desconocido y el amor universal. Las fantasías, los sueños, la imaginación, la comprensión hacia el ser humano. También se relaciona con los miedos, el pasado, la reencarnación. Asimismo, puede simular la verdad a medias. El mar, los líquidos, la droga y el alcohol también son de Neptuno. Da mucho poder de sacrificio.

Su metal es el neptunio. Su posición en la Carta Natal, por signo, casa y aspectos, nos indica la capacidad de buscar un ideal y poder percibir lo intangible.

Plutón

Mitológicamente, es el dios del Mundo Subterráneo. Rige a Escorpio y la casa con la cúspide en Escorpio. Este pequeño planeta se relaciona con lo oculto, lo subterráneo, la transformación, la muerte y la regeneración. Su descubrimiento se llevó a cabo en el año 1930, por Percival Lowell, desde su observatorio en Arizona. Después de su descubrimiento, se dio una gran oleada de violencia y apareció un fanatismo en grandes masas que nunca antes se había conocido. La nueva ciencia de la psicología apareció a través de sus iniciadores Alfred Adler, Jung, S. Freud, y por ellos se descubrió el subconsciente. Una persona con carácter plutoniano todo lo que hace lo transforma, lo destruye para construir mejor.

Psicológicamente, podríamos denominarlo como el excelente purificador que nos enfrenta con todo lo que es viejo y tradicional. Se relaciona con el mundo misterioso y oculto, por ello encaja muy bien en el subconsciente. La influencia de Plutón hace a la persona escorpiana como la más fuerte del Zodíaco. Está relacionado con los períodos de crisis, paro, manifestaciones y todo cuanto se halla escondido u oculto. Tarda doscientos cuarenta y ocho años en su revolución solar.

Su metal es el plutonio. Su posición en la Carta Natal, por signo, casa y aspectos, nos indica la capacidad de evolución, renovación y superación personal que tenemos.

LOS DOCE SIGNOS DEL ZODÍACO

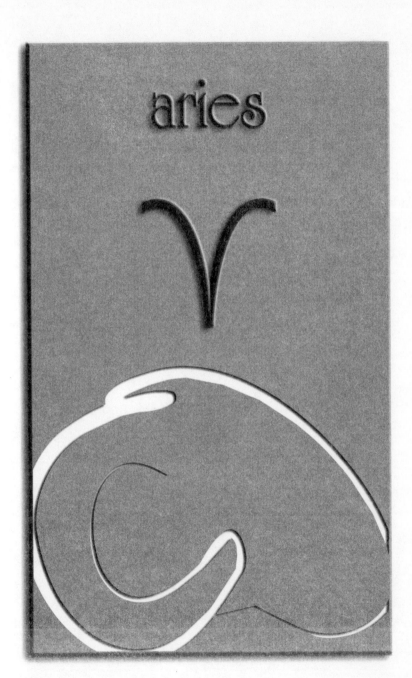

ARIES

Del 21 de marzo al 20 de abril

En el horóscopo chino se corresponde con el Dragón.
La verdad, el carnero, el guerrero.

SIGNO: Fuego, cardinal, masculino, positivo.
PLANETA REGENTE: Marte.
SITUACIÓN EN EL ZODÍACO: Del grado 0 al 30.
DÍA DE LA SEMANA: El martes.
NÚMEROS DE LA SUERTE: 1 - 7 - 9 - 17 - 21.
HORA: Entre las 5 y las 7 (el amanecer).
NOTA MUSICAL: Do.
COLOR: Rojo.
METAL: Hierro.
FLOR: Clavel, lila.
PLANTA: Cacto.
PIEDRA PRECIOSA: Diamante, amatista, rubí.
SU FRASE: ¡Aquí estoy, vamos ya!
PAÍSES: Inglaterra, Alemania, Dinamarca, Japón, Palestina, Polonia, Siria, Checoslovaquia, Perú.
Se corresponde con la primera Casa del Zodíaco.

Características generales

Por ser la primera Casa del Zodíaco representa el valor, la fuerza, la agresividad, el deseo de afirmar su virilidad. Aries le puede llamar a las cuatro de la mañana para decirte algo. Ve dos colores, es decir el rojo y el verde, hace una cosa o la otra.

Cualidades

Mando, ambición, confianza en sí mismo, amor propio, independencia, etcétera.

Defectos

Aventurero, violencia, poco perseverante y se entremete en la vida de los demás.

Defensor

Defiende la causa de los más débiles, la justicia, el desamor. Siempre lucha por una causa justa. Es egoísta y desea su propia satisfacción.

Compatibilidad

Con su mismo signo existen varias afinidades, sobre todo si uno de los dos deja el mando al otro. Con Tauro, dependiendo de su ascendente bien. Con Géminis, al cien por cien de posibilidades. Con Cáncer, necesitará expresar más sensibilidad. Con Leo, por ser ambos del elemento fuego, excelente. Con Virgo, dada la inteligencia de éste, se acoplarán muy bien en trabajos y asociaciones. Con Libra, por ser su opuesto justo a ciento ochenta grados, sentirá mucha atracción. Con Escorpio, buena relación. Maravillosa combinación con Sagitario. Con Capricornio no es muy aconsejable. Con Acuario divinamente, siempre que Aries respete los momentos de soledad de Acuario. Con Piscis, al comienzo bien, aunque no es muy recomendable (claro que Piscis se lleva bien con todos los signos).

El niño Aries

Este bebé cuando nace es fuerte y valeroso, andará muy pronto y meterá sus deditos donde haya peligro. Sus juguetes se los dejará a cualquier otro niño. Es líder de su grupo, dibuja con valentía y sus dibujos son de mucho movimiento, así como muy creativos. No es conveniente darle órdenes; sonriéndole, se conseguirá de él lo que se quiera. Cuando quiere conseguir algo, si no se lo dan llorará enérgicamente. Cuando desee alguna cosa hablará con fuerza y pedirá lo que quiere decididamente, sin rodeos. Se irá viendo el carácter que después tendrá de mayor, y por cierto comenzará a comunicarse y a hablar muy pronto. Es muy sensible, cariñoso y muy cálido, no permite que nadie esté por encima de él en nada. Para que un niño nativo de Aries estudie, no es necesario avergonzarlo sino algo mejor, desafiarlo. Es muy rápido en sus estudios, veloz, y todo cuanto aprende difícilmente se le olvida. Si le dice qué es lo que le gusta de él, nunca hará lo que no le guste, rendirá todo lo que de él se espera. Es bueno recordar que Aries «es el principio de todo». Necesita dormir muchas horas, esto es debido a que durante el día quema mucha energía.

Aries relevantes

Alec Baldwin, Andy García, Anita Bryant, Barón Thyssen, Bela Bartók, Bette Davis, Betty Ford, Bjarne Riis, Carlos Hugo de Borbón, Carlos Sainz, Celine Dion, Claudia Cardinale, Cristóbal Halffter, Charles Chaplin, Dennis Quaid,

Diana Ros, Doris Day, duquesa de Alba, Eddie Murphy, Elton John, Emilio Aragón, Emma Thompson, Emmylou Harris, Eric Clapton, Ernest Jünger, Ferenc Puskas, Fernando Botero Angulo, Francisco José de Goya y Lucientes, Francisco Paquirri, Gary Kasparov, Guillermo Roentgen, Gutemberg, Hans Christian Andersen, Harry Houdini, Herbert Von Karajan, Howard Sasportas, Jaime Ostos, Jennifer Capriati, Joan Miró, Joaquín Grau, Johann Sebastian Bach, José Hierro, José María Manzanares, José María Ruiz-Mateos, José Yiyo, Joseph Haydn, Juan Carlos Domínguez, Juan Echanove, Leonardo da Vinci, Mariah Carey, Marlon Brando, Matthew Broderick, Melchor Mauri, Michael Pomiatowski, Miguel Bosé, Mtislav Rostropovitch, Octavio Paz, Oskar Strauss, Patricia Arquette, Perico Delgado, Pierre Boulez, Rafael Camino, Ram Dass, Richard Chamberlain, Rolf Sorensen, Ruperto Chapí, Russell Crowe, Samantha Fox, Santa Teresa de Jesús, Severiano Ballesteros, Spencer Tracy, Steve McQueen, Steven Seagal, Tony Rominger, Van Dyck, Vincent Van Gogh, Werner Von Braun.

Aries y sus ascendentes

Aries ascendente Aries

La potencia del planeta Marte se desarrolla de tal forma que el individuo tendrá unos impulsos llenos de poder. Conseguirá metas insospechadas. Sería conveniente que en ciertos momentos pensara un poco antes de actuar. Es una persona muy sensual y ello se transmitirá en su mirada. Suerte en la economía. Sus cinco números de suerte son: 1, 7, 9, 12 y 24.

Aries ascendente Tauro

Por la combinación de fuego Aries y tierra de Tauro existen grandes posibilidades de que la persona tenga muchas características para el arte, de manera especial para la música y la pintura. Este ser será un poco más introvertido que el carácter franco y expansivo de Aries y algo más comunicativo que el nativo de Tauro. La parte afectiva la tendrá muy desarrollada. Sus cinco números de la suerte son: 2, 4, 6, 19 y 25.

Aries ascendente Géminis

La influencia de Géminis le aporta al signo de Aries diplomacia aunque a veces el carácter será inestable y lleno de contradicciones. Sería conveniente llevar a cabo alguna manera de relajación y dar salida a las energías negativas que se le acumulan. Dotes magníficas para el comercio. Facilidad para hacer amigos allí donde vaya. Sus cinco números de la suerte son: 3, 5, 12, 17 y 24.

Aries ascendente Cáncer

La emotividad, sensibilidad y familiaridad de Cáncer chocarán un poco con el carácter extravertido de Aries. Mejorará la intuición, el sentimiento y los placeres por el hogar. En el trabajo podría realizar una labor importante, sobre todo en algo relacionado con viajes. Es muy posible que el individuo se dedique a la abogacía. En el terreno afectivo, existe mucha posibilidad de contraer matrimonio en edad avanzada. Sus cinco números de la suerte son: 2, 7, 9, 12 y 17.

Aries ascendente Leo

Esta unión de combinaciones de dos elementos de fuego es maravillosa: si tenemos en cuenta el impulso de Aries y el magnetismo de Leo, la combinación es magnífica. La persona puede destacar en la política, en la filosofía y como músico, director de orquesta por ejemplo. Otra característica es la facilidad de contactar con personas en el extranjero o extranjeros en su propio país. Sus cinco números de la suerte son: 1, 4, 10, 100 y 1.100.

Aries ascendente Virgo

La inteligencia de Virgo y a veces la falta de impulso apaga un poco al impulsivo Aries; no obstante, le aporta mucha inteligencia y una creatividad excelente. Amores con personas extranjeras. Algo que tendrá que superar es una especie de complejo de inferioridad que le puede atormentar en ciertas épocas de su vida. Si la persona saca lo mejor de sí misma puede llegar a conseguir objetivos muy altos. Sus cinco números de la suerte son: 5, 15, 17, 39 y 41.

Aries ascendente Libra

La diplomacia del nativo de Libra le aporta a Aries una simpatía, generosidad y armonía fuera de serie. Las relaciones familiares son muy estrechas. La parte egoísta de Aries se ve mejorada hacia un altruismo que llevará al ser a realizar cosas maravillosas en bien del ser humano. La parte artística también se verá muy desarrollada. Simpatía a flor de piel y persona muy amorosa. Sus cinco números de la suerte son: 2, 17, 19, 21 y 50.

Aries ascendente Escorpio

Por tener un dominio de los planetas Marte y Plutón, tiende a extremar las cosas con gran energía y poder; si la persona se vuelca hacia el bien común, podrá conseguir altas cotas. No obstante, tendrá que controlar las pasiones y un fuerte carácter celoso que llevará consigo allí donde vaya. En el lado positivo será capaz de realizar una actividad artística muy considerable, así como actos de generosidad sensacionales. Sus cinco números de la suerte son: 0, 9, 13, 19 y 25.

Aries ascendente Sagitario

Las ideas serán muy fecundas, persona con ideas muy originales. Las fiestas serán una constante en su vida. Apuntará muy alto en sus objetivos, llegando a conseguir cosas muy importantes, ya que el ascendente en Sagitario le hará muy comunicativo. El ascendente en Sagitario le da al signo de fuego Aries excelente entusiasmo. Este efecto también será muy notable. Sus cinco números de la suerte son: 6, 14, 23, 43 y 49.

Aries ascendente Capricornio

La ambición es enormemente fuerte. La necesidad de llegar muy alto en la sociedad la tendrá desde la niñez. El ascendente le aporta a Aries más paciencia, siendo ésta una combinación altamente armoniosa que llevará a la persona a ser más constante en sus afectos. Puede realizar dos trabajos a la vez. Valora mucho el dinero. Sus cinco números de la suerte son: 1, 3, 8, 24 y 27.

Aries ascendente Acuario

La originalidad de Acuario le aporta a Aries una carga de vitalidad excepcional, el idealismo y la creatividad se dirigirán hacia una carrera científica. El sentimiento amoroso será intenso, con muchos romances en su haber. Muchas cualidades para el arte musical. Será conveniente que la persona piense que la actividad es más positiva que pasar el día pensando las cosas. Sus cinco números de la suerte son: 7, 14, 21, 39 y 47.

Aries ascendente Piscis

La combinación fuego agua, siendo dual por este último, hará que el impulso del nativo de Aries sea más calmado, dulce y sosegado. La intuición estará al orden del día y la creatividad será muy positiva a partir de los treinta y cinco años. La humanidad irá destinada para ayudar al ser humano, con un amor al prójimo de gran calidad afectiva. La persona puede ser médico, psiquiatra y hasta deportista. Sus cinco números de la suerte son: 2, 6, 7, 15 y 21.

Leonardo da Vinci.

tauro

TAURO

Del 21 de abril al 20 de mayo

En el horóscopo chino se corresponde con la Serpiente.
El toro, la obediencia.

SIGNO: Tierra, fijo, negativo, femenino.
PLANETA REGENTE: Venus.
SITUACIÓN EN EL ZODÍACO: Del grado 30 al 60.
DÍA DE LA SEMANA: El viernes.
NÚMEROS DE LA SUERTE: 2 - 4 - 6 - 11 - 17 - 32.
HORA: De 15 a 16 (la plena tarde).
NOTA MUSICAL: Do sostenido.
COLOR: Verde, azul, rosa.
METAL: Cobre.
FLOR: Lis.
PLANTA: Musgo.
PIEDRA PRECIOSA: Ágata, esmeralda.
SU FRASE: ¡Cuidado con derrumbar mi barca!
PAÍSES: Asia Menor, Chile, Bélgica, Irlanda, Turquía, Irán,
Canadá, Argentina, Paraguay, Cáucaso, Chipre.
Se corresponde con la segunda Casa del Zodíaco.

Características generales

Es tenaz, busca la seguridad en el trabajo, en las cosas y en la pareja, goza de los placeres de la buena mesa y tiene deseos de orden material muy fuerte.

Posee una gran resistencia física y es capaz de trabajar diez horas sin levantar la cabeza de su escritorio o lugar de trabajo. Conservador, instintivo, ama la naturaleza y su casa es la fortaleza de su vida. Sensual, celoso.

Cualidades

Capacidad de trabajo, memoria, paciencia, buen economista y excelente padre de familia.

Defectos

Celoso, posesivo, obstinado, materialista.

Defensor

De los niños, la justicia, las empresas y de los derechos de mantener la casa en silencio.

Compatibilidad

Con Aries, para el tema de los negocios bien, dependiendo de su ascendente. Con su mismo signo, respeto mutuo. Buena con Géminis. Con Cáncer, como ambos son amantes de la casa, encaja divinamente. Con Leo, excelente espiritualmente. Perfectamente con Virgo, incluso para el matrimonio. Con Libra armoniza muy bien por tener el mismo regente (Venus). Buena amistad con Escorpio, aunque son signos opuestos, pero se pueden llevar maravillosamente. Gran atracción con Sagitario. Fabulosamente con Capricornio, por ser ambos signos de tierra. Con Acuario, buena relación. Y con Piscis, por ser este último tan emotivo, puede fácilmente compartir sus vidas.

El niño Tauro

Le apasiona el contacto con la naturaleza. No es conveniente obligarle a realizar alguna acción que él no quiera hacer. Ya desde la niñez, es testarudo. Si se le habla con cariño y sonriendo, sale con mucha facilidad de su obstinación. Reacciona fácilmente a los colores, de ahí que encontremos a niños nativos de Tauro que dibujan con extraordinaria maestría. Es muy alegre y de una característica estable. No aguanta los sonidos demasiado fuertes y menos los ruidos estridentes. Es conveniente darle lecciones «al torito» de música y canto debido a que le apasiona el arte en todas sus vertientes, como buen nativo del planeta Venus. Sus juegos preferidos son: si es niña, las muñecas y cocinitas; si es niño, los camiones, coches de bomberos y las canicas y ordenadores. Ambos demuestran desde niños ser muy buenos economistas. Les gustan mucho los dulces. En sus estudios, aunque lentos, consiguen magníficos resultados. Aman la verdad y el hogar, les encanta el color blanco, el azul y el verde. Desde muy jóvenes comienzan a trabajar para ganar su primer dinero.

Tauros relevantes

Al Pacino, Alessandro Scarlatti, Andie Macdowell, Andrea Agassi, Anthony Quinn, Arturo de Bobadilla, Audrey Hepburn, Bárbara Streisand, Baronesa Thyssen, Billy Joel, Bing Crosby, Bob Seger, Camilo José Cela, Carlo Ponti, Claudio Monteverdi, Clint Eastwood, Cristina Higueras, Cher, Christopher Cross, Daniel Day-Lewis, Dennis Hopper, Dennis Rodman, Erik Satie, Eva Perón Duarte, Federico Chueca,

Fernando el Católico, Francisco Umbral, Fred Astaire, George Clooney, George Lucas, Glenda Jackson, Gregorio Marañón, Henry Fonda, Honorato de Balzac, Isabel la Católica, Jack Nicholson, James Brown, James Stewart, Janet Jackson, Jeddu Krisnamurti, Jim Jones, Joaquín Prats, Joe Cocker, Johan Cruyff, Johannes Brahms, John Williams, Juan Pablo II, Karl Marx, Katherine Hepburn, Luisi Brotons, Manolo Santana, Manuel Benítez «El Cordobés», María del Mar Bonet, Marino Lejarreta, Marta Sánchez, Michelle Pfeiffer, Miguel de la Cuadra Salcedo, Orson Welles, Peter Frampton, Peter Ilyich Tchaikovsky, Pierce Brosnan, reina Elisabeth II, reina Isabel II, Richard Avedón, Rodolfo Valentino, Salvador Dalí, Santiago Ramón y Cajal, Sebastián Palomo Linares, Serafín Zubiri, Sergei S. Prokofiev, Shirley MacLaine, Sigmund Freud, Stevie Wonder, Sugar Ray Leonard, Tony Leblanc, Vicente Enrique y Tarancón, Víctor Ullate, William Shakespeare, Yehudi Menuhin.

Tauro y sus ascendentes

Tauro ascendente Aries

Aries le da a Tauro más fuerza, energía, sentido de justicia y poder para conseguir los propósitos que se desea conseguir. En relación a su afectividad, seguirá un camino hacia la infidelidad y las aventuras pasajeras. En el terreno creativo será una persona pasional para todo tipo de arte y con tendencia a viajar al extranjero. En el dinero menos tacañería y más caprichos para comprarse cosas. Sus cinco números de la suerte son: 2, 4, 6, 18 y 24.

Tauro ascendente Tauro

Gran perseverancia, paciencia a prueba de bombas. Persona bastante testaruda cuando algo se le mete en la cabeza.

Encontrará sus objetivos cumplidos a los cuarenta años. En el terreno afectivo será una persona con la ventana de su corazón siempre dispuesta al amor. En el trabajo buscará la armonía y trabajará con bastantes personas. Mucho dinero en la madurez. No tirará nunca la casa por la ventana. Sus cinco números de la suerte son: 2, 4, 8, 18 y 29.

Tauro ascendente Géminis

La persona querrá experimentarlo todo. Cuando llegue a cierta edad, será una persona muy experimentada y con gran capacidad de ayuda a los demás. Será conveniente que se cuide el sistema nervioso, realizando ejercicios de yoga, relajación y salidas al campo, al aire libre; quiere casarse muy joven. Si no usa la inteligencia tendrá conflictos interiores muy profundos. Sus cinco números de la suerte son: 6, 12, 16, 26 y 35.

Tauro ascendente Cáncer

La familia será el pilar de la vida de este ser que, además, Cáncer le da romanticismo lleno de un encanto muy especial. En el amor, una vida muy aventurera. La casa será la fortaleza donde tendrá y guardará las cosas más inverosímiles de sus viajes, que muchos de ellos los realizará por alta mar. La simpatía de este ser es arrolladora. Tendrá una poderosa influencia de la madre, que le acompañará toda su vida. Sus cinco números de la suerte son: 6, 9, 14, 27 y 38.

Tauro ascendente Leo

La fuerza y el magnetismo que le confiere Leo a Tauro es maravillosa. Le hace más pasional, magnético y poderoso. Si le gusta el arte, que es seguro que le apasiona, puede ser desde escultor a compositor. La crítica la tendrá a flor de piel. La decisión será una de sus armas cuando quiera conseguir algo.

No se descarta que la persona en cuestión guarde secretos muy profundos en su hogar. Sus cinco números de la suerte son: 4, 7, 13, 26 y 35.

Tauro ascendente Virgo

La ensoñación de Virgo hace a Tauro más dulce, soñador y melancólico. La espiritualidad estará muy desarrollada, así como el amor por la familia. Algo positivo que le apoya es que mejora el carácter extremo que en ciertas ocasiones saca a la luz el nativo de Tauro. En amor buscará una persona inteligente, consiguiendo muchos éxitos. Economía muy positiva. Sus cinco números de la suerte son: 3, 8, 11, 19 y 28.

Tauro ascendente Libra

Ambos están gobernados por el planeta Venus, el de la belleza, el amor, la armonía; por tanto esta persona amará la belleza en todas sus expresiones. Tendrá problemas para vivir y estar en soledad. La persona en cuestión puede ser un gran literato, poeta y dramaturgo. El nerviosismo también será un estado constante, por lo que se le recomienda ejercicios de relajación y ellos los puede conseguir con su pareja. Sus cinco números de la suerte son: 7, 14, 19, 23 y 31.

Tauro ascendente Escorpio

Escorpio le aporta a Tauro una fuerza misteriosa e impulsiva que le da el poder para conseguir todos los objetivos que se proponga. La sensualidad estará muy desarrollada creando en ocasiones un esnobismo en los sentimientos que le puede incluso torturar. Será una persona con gran poder para conquistar al ser opuesto. La economía será positiva. Sus cinco números de la suerte son: 6, 13, 18, 22 y 26.

Tauro ascendente Sagitario

La alegría y el buen humor estarán visibles en su forma de ser, ya que la positiva influencia de Sagitario cala hondo en Tauro. La persona estudiará desde filosofía, astrología, hasta todo lo relacionado con el conocimiento humano. En los viajes tendrá más disposición a realizarlos que el nativo de Tauro. En amor, mucha libertad para sí mismo y su pareja. Esta persona es muy liberal en su forma de vida. Sus cinco números de la suerte son: 1, 6, 12, 21 y 33.

Tauro ascendente Capricornio

Como ambos son signos de tierra, su carácter será un poco huraño, bastante ambicioso y con tendencia a ser puntual. En la salud, conviene que se cuide la circulación de la sangre tomando cantidades de frutas. La paciencia será una de las características más destacadas a tener en cuenta. Puede tener gran facilidad para los idiomas, ¡cuidado con el sistema nervioso!, si no se comunica con facilidad. Sus cinco números de la suerte son: 4, 8, 12, 26 y 31.

Tauro ascendente Acuario

Le encantará viajar a países esotéricos, tendencia a las aventuras amorosas por curiosidad y aprendizaje. La mente inteligente de Acuario hace que la persona se interese por el tema del ocultismo. La simpatía la tendrá a flor de piel. La fuerte sensualidad de Tauro se exalta en la espiritualidad de Acuario, creando así un ser muy inquieto en la parte espiritual. Sus cinco números de la suerte son: 6, 12, 19, 35 y 39.

Tauro ascendente Piscis

La fuerte ensoñación de Piscis le aporta al nativo de Tauro un poder en todo lo relacionado con los sueños, el arte y la espiritualidad. Para el matrimonio, buscará a un ser que le dé una armonía necesaria para vivir una vida plena. En la economía realizará gastos caprichosamente, viajes por alta mar. Le apasionan las ciencias ocultas y tendrá poderes paranormales. Sus cinco números de la suerte son: 2, 6, 9, 17 y 23.

Rodolfo Valentino.

géminis

GÉMINIS

Del 21 de mayo al 21 junio

En el horóscopo chino se corresponde con el Caballo.
Los gemelos, artístico e inventor.

SIGNO: Aire, positivo, mutable, masculino.
PLANETA REGENTE: Mercurio.
SITUACIÓN EN EL ZODÍACO: Del grado 90 al 120.
DÍA DE LA SEMANA: El miércoles.
NÚMEROS DE LA SUERTE: 3 - 5 - 12 - 18 - 21.
HORA: De 9 a 10 (a media mañana).
NOTA MUSICAL: Re.
COLOR: Naranja, amarillo, gris.
METAL: Mercurio, platino, plomo.
FLOR: Jazmín, verbena.
PLANTA: Laurel.
PIEDRA PRECIOSA: Aguamarina, granate, jaspe, topacio.
SU FRASE: ¡Es necesario saber por qué soy!
PAÍSES: País de Gales, América del Norte (Estados Unidos), Bajo Egipto, Sudoeste de Bélgica, región del Noroeste de Trípoli, Luxemburgo, Toscana.

Se corresponde con la tercera Casa del Zodíaco.

Características generales

Quien comparte la vida con un nativo de Géminis nunca se aburrirá, tendrá dos personas al mismo tiempo: le dirá con la misma fuerza que quiere realizar una cosa y a los pocos momentos le dirá lo contrario. Se ganan todo con la simpatía, la comunicación es de lo más necesario en un Géminis, que está siempre al día en las noticias.

Cualidades

De fácil comunicación, simpatía, espontaneidad, amabilidad y humanidad.

Defectos

Charlatán, mentiroso, incordiante, embaucador.

Defensor

De la palabra, de los débiles, de las manifestaciones de todo tipo de arte.

Compatibilidad

Con Aries, grandes posibilidades de colaboración mutua y fuerte atracción afectiva. Con Tauro, necesitará de mucha paciencia. Con su mismo signo se divertirá mucho jugando. Con Cáncer será conveniente que exprese más su sensibilidad. Con Leo, grandes afinidades para el matrimonio. A Virgo le aportará fabulosas posibilidades de contacto humano para conseguir el éxito social. Con Libra, por ser ambos signos de aire, se comunicará bien. Con Escorpio, los dos tendrán que tener mucha paciencia. Con Sagitario, por ser su opuesto, brotarán muchas afinidades porque ambos aman su libertad. Con Capricornio, no es la mejor combinación. Con Acuario, por ser signos de aire, si ella es mujer pueden ir al matrimonio. Con Piscis, relación difícil por la dialéctica abierta de Géminis y, por el contrario, la gran introversión de Piscis.

El niño Géminis

Le gusta mucho realizar juegos al aire libre, es muy divertido, vivaz y alegre, curioso por naturaleza. Puede llevar a cabo varias cosas a la vez, como tomar el desayuno, jugar y pensar, todo ello al mismo tiempo: de esta manera, apunta lo que será en el mañana. Puede comportarse con las personas mayores como si fuera adulto. Es uno de los signos más simpáticos del Zodíaco, lo que le hace tener muchos amiguitos. Como Mercurio rige las cuerdas vocales, podemos ver a un nativo de Géminis cantar desde muy niño. Es aconsejable enseñarle idiomas, ya que de mayor «viajará mucho y le gustará sentirse extranjero». Desde niño será muy despierto y hablará con gran soltura. Por ser un ser muy comunicativo, las personas mayores gustarán de contarle sus aventuras, sabiendo que él escuchará con atención esos cuentos e historietas que las personas mayores aprenden a través de su experiencia, para después poderlas contar. En la escuela en seguida destacará en la lectura, con gran verborrea para comunicar sus adelantos a sus compañeros de clase, así como a los miembros de su familia. Será bueno recordar que «Mercurio tiene alas», por ello no es de extrañar que se le vea en casa y al poco tiempo en la calle, con gran rapidez. Se ganará con facilidad la simpatía de sus maestros.

Géminis relevantes

Stan Laurel, Alanis Morissette, Albert Ferrer Llopis, Alfonso de Hohenlohe, Alighieri Dante, Ana Belén, Ana

Diosdado, Anatoly Kárpov, Andrei Sajarov, Angelina Jolie, Aram Khachaturian, Barry Manilow, Bob Dylan, Bob Hope, Boy George, Boz Scaggs, Brooke Shields, Cristina de Borbón, Cristóbal Halffter, David Rousell, Demis Roussos, Eddy Mercx, Emilio Sánchez Vicario, Eric Zabel, Errol Flyn, Federico García Lorca, Fernando Moncholi, Gene Wilder, George Bush, Gloria Fuertes, Gonzalo Torrente Ballester, Gregory Peck, Helen Hunt, Igor Stravinsky, Isaac Albéniz, Isaac Peral y Caballero, Isabella Rosellini, Jacques Cousteau, Javier Rosique, Jean Paul Sartre, Jewel, Joan Collins, John F. Kennedy, John Wayne, Johnny Deep, Jordi Pujol, José Luis Coll, Juan Luis Guerra, Judy Gardland, Kathleen Turner, Kenny G, Lanny Kravitz, LaToya Jackson, Laurence Olivier, Lauryn Hill, Lionel Richie, Luis Ocaña, María Ostiz, Marilyn Monroe, Marqués de Sade, Mick Doohan, Michael J. Fox, Michele Bartoli, Miguel Ríos, Morgan Freeman, Naomí Campbell, Nuria Espert, Olvido Gara (Alaska), Osama Hijazi, Paul Gauguin, Paul McCartney, Peter Cushing, Prince, Priscila Presley, Rafaela Carrá, Richard Strauss, Richard Wagner, Robert Schumann, Rosa Chacel, Salman Rushdie, Sigfrido Wagner, Steffi Graf, Stevie Nicks, Suzi Quatro, Tom Jones, Tony Curtis.

Géminis y sus ascendentes

Géminis ascendente Aries

Aries le aporta a Géminis sinceridad, impulso y un sentido más seguro de sus necesidades y ambiciones. En ciertos casos también pueden existir momentos de depresión. La parte creativa de la persona se puede ver con rapidez, sobre todo en el terreno de la pintura y la poesía. En cuanto a sus ideales, la persona se verá muy avanzada, dando lugar a momentos espirituales muy altos. Sus cinco números de la suerte son: 3, 7, 16, 24 y 31.

Géminis ascendente Tauro

Como son dos signos que no tienen mucho en común existirán momentos de depresión, causados por la tranquilidad que Tauro querrá imponer y por el sistema nervioso de Géminis. En el terreno económico se verá mejorado por el poder que influirá Tauro sobre el signo base. Puede haber un matrimonio muy joven, o por el contrario quedarse soltero para toda la vida. Sus cinco números de la suerte son: 6, 9, 14, 29 y 46.

Géminis ascendente Géminis

La duplicidad del signo hará que el sistema nervioso sufra momentos de inseguridades, depresión, engaño y sobre todo será muy versátil. Una característica a destacar es la gran simpatía arrolladora que expresará, junto a un magnetismo personal muy desarrollado. Si Géminis es versátil, aquí en doble proporción. Una de las cosas que puede desempeñar muy bien la persona es el trabajo en los medios de comunicación; la música, el cine, etcétera. Siempre será un ser juvenil. Sus cinco números de la suerte son: 2, 5, 7, 26 y 35.

Géminis ascendente Cáncer

La fuerza de la Luna infunde a Géminis juventud y niñez, la persona en cuestión será como un niño con un humor lleno de infantilismo. La ensoñación, la influencia de la madre y todo lo relacionado con el pasado tendrán un vínculo muy poderoso sobre esta persona, que dependerá mucho en que tiene la Luna. Para el trabajo necesitará de mucho movimiento. Sus cinco números de la suerte son: 3, 6, 9, 17 y 28.

Géminis ascendente Leo

La fuerza y el carácter de Leo le aportarán más sinceridad, generosidad, magnetismo personal, infundiéndole una búsqueda de la felicidad típica del carácter apasionado del nativo de Leo. Las aventuras amorosas pueden ser muy intensas. La preocupación de Géminis por querer las cosas para él y la generosidad de Leo crearán conflictos interiores. Sus cinco números de la suerte son: 1, 6, 17, 31 y 69.

Géminis ascendente Virgo

Los dos están regidos por el planeta Mercurio, el de las alas, la comunicación. Será conveniente que se cuide el sistema nervioso y, dependiendo de cómo esté aspectado Mercurio, puede tener problemas en la comunicación. Aunque esto último lo puede corregir con buena voluntad y tesón, llegando entonces a conseguir altas cotas de la vida. Se ganará todo con una simpatía arrolladora, que en ocasiones desbancará al más pintado. Si es secretaria, puede saber más que el mismo director; el arte es una de sus cualidades, así como la lucha por la perfección. Sus números de la suerte son: 5, 7, 9, 18 y 34.

Géminis ascendente Libra

La tendencia del ascendente en Libra es buscar la armonía en toda su vida. La persona necesitará de comunicación con la sociedad de forma activa, por ello es conveniente que si busca un trabajo sea en contacto directo con la gente. Para encontrar el equilibrio que buscará con ahínco, lo mejor es que encuentre su pareja ideal, que la puede conseguir, con un nativo de Sagitario o Aries. Sus cinco números de la suerte son: 7, 8, 19, 35 y 40.

Géminis ascendente Escorpio

Las pasiones se despertarán desde la niñez buscando siempre experiencias nuevas, que irá acumulando con inteligencia: tendrá épocas de sufrimiento interior que en ocasiones le proporcionará ataques de cólera. Se le recomienda lectura de libros de autoayuda, quererse y respetarse más. En el trabajo puede ser una persona pionera. ¡Cuidado con las zonas reproductoras! Sus cinco números de la suerte son: 6, 8, 17, 31 y 45.

Géminis ascendente Sagitario

Los dos signos son dobles, por tanto en ocasiones se hallará en conflicto. Si usa la inteligencia y estudia su comportamiento con valentía y decisión, la persona en cuestión viajará mucho y con las experiencias que adquiera irá superando sus momentos de indecisión. La parte artística puede estar muy desarrollada en pintura, música, etc. Sus cinco números de la suerte son: 2, 8, 12, 26 y 32.

Géminis ascendente Capricornio

La serenidad y responsabilidad de Capricornio contrastan con el juego dinámico de Géminis, creando un personaje lleno de matices: por un lado le gustará ser puntual y por otro intentará pasar de lado muchas cosas a la ligera. Persona ambiciosa que podrá desempeñar dos trabajos a la vez. La relación con la familia será muy intensa. Sería conveniente que se cuide en la alimentación, ya que tendrá tendencia a la mala circulación de la sangre. Sus cinco números de la suerte son: 3, 7, 16, 25 y 39.

Géminis ascendente Acuario

Ambos signos de aire necesitan comunicarse mucho, por ello es conveniente que el trabajo que desempeñen sea en contacto directo con el público, si no se sentiría frustrado. Grandes dotes de inventiva, originalidad e inconformismo. Matrimonio bastante sonado y con tendencia a tener amores extraconyugales. Puede sonreírle la suerte en los juegos de azar. Sus cinco números de la suerte son: 8, 12, 25, 36 y 42.

Géminis ascendente Piscis

Es muy posible que el carácter sea de inestabilidad, ya que la dualidad de ambos se verá en todo cuanto realice. Por un lado pensará una cosa y hará otra. Se le recomienda un estudio profundo de su carácter y leer libros en los cuales pueda desarrollar su capacidad de ayuda del ser humano, que puede empezar consigo mismo. Carácter, aunque indeciso, misterioso, espiritual y lleno de premomición. Sus cinco números de la suerte son: 3, 6, 12, 28 y 35.

Marilyn Monroe.

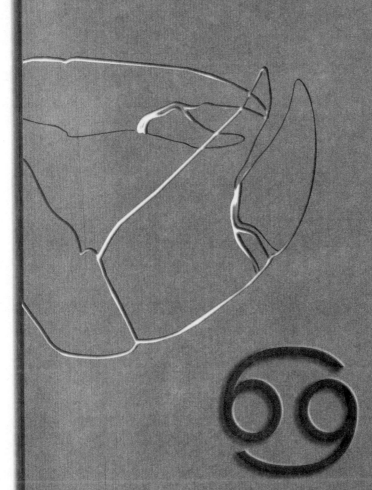

cáncer

69

CÁNCER

Del 22 de junio al 22 de julio

En el horóscopo chino se corresponde con la Cabra.
El cangrejo, lunático, profeta, maestro.

SIGNO: Agua, negativo, cardinal, femenino.
PLANETA REGENTE: La Luna.
SITUACIÓN EN EL ZODÍACO: Del grado 90 al 120.
DÍA DE LA SEMANA: El lunes.
NÚMEROS DE LA SUERTE: 2 - 7 - 9 - 17 - 30.
HORA: De 23 a 24 (las primeras horas de la noche).
NOTA MUSICAL: Re sostenido.
COLOR: Blanco, malva, azul celeste.
METAL: Plata.
FLOR: Lirio blanco.
PLANTA: Laurel, avellano.
PIEDRA PRECIOSA: Perla, esmeralda.
SU FRASE: ¡Necesito conocer mis orígenes!
PAÍSES: África negra en general, Uruguay, Escocia, Isla Mauricio, China, Holanda.

Se corresponde con la cuarta Casa del Zodíaco.

Características generales

Los del signo Cáncer son hipersensibles, tímidos, hogareños, muy familiares; es difícil para ellos cortar el cordón umbilical, les asusta el vivir sin dinero. Son muy intuitivos y el hogar es su lugar preferido. Les encanta la naturaleza y el mar. Este es el signo de la «madre Luna». Cuando se meten en su concha, difícilmente saldrán de ella, por mucho que preguntemos, a no ser que usemos la inteligencia para persuadirles.

Cualidades

Saben escuchar a los demás con atención. Son buenos padres, economistas y amigos excelentes.

Defectos

Timoratos, excesivamente sensibles, introvertidos.

Defensor

De los niños, la familia, lo tradicional y la cultura.

Compatibilidad

No muy aconsejable con Aries, a no ser que salga de su concha. Con Tauro, como ambos son signos a los que les apasiona la casa, conectará muy bien en varios terrenos. Con Géminis, es necesario que exprese más su sensibilidad y sea más comunicativo. Con su mismo signo puede realizar labores de trabajo muy importantes. Con el signo de Leo, se puede unir en matrimonio y existen muchas posibilidades espirituales de unión. Con Virgo, una relación muy duradera y un respeto mutuo. La unión con Libra es de gran atracción en especial por la casa y la familia. Si se une al signo enigmático de

Escorpio, al ser ambos investigadores de todo cuanto se guisa a su alrededor, sienten muchísima atracción sexual. Sagitario con Cáncer, el primero le aportará una influencia más positiva y le ayudará a viajar muchísimo. Con Capricornio, al ser signos opuestos, la juventud de Cáncer y la madurez de Capricornio harán que sean buenos aliados. La unión con Acuario es muy posible que les acerque hasta el altar. Por último, al signo de Piscis le atrae Cáncer por la similitud de signos de agua, provocando afinidades maravillosas que de alguna manera serán muy positivas.

El niño Cáncer

Es muy sensible, por ello le gustan los juegos que sean tranquilos. Le atraen los libros, sobre todo los que hablen del pasado; no hay que olvidar que este niño está gobernado por la Luna, la que dirige los sentimientos, el pasado, etcétera. Es muy recomendable regalarle libros relacionados con el arte, que, dicho sea de paso, si hay un ambiente propicio, éste será uno de los signos más sensibles a todo lo relacionado con las manifestaciones artísticas; llevarle a las exposiciones de pintura, escultura, artes plásticas, pues también será instructivo para él. Es lunático y nervioso, de manera especial si no se le deja realizar lo que quiere hacer. Familiar, con muchísima influencia de su madre, esta cualidad la mantendrá durante toda su vida. Este niño al ser tan sensible cambia constantemente de carácter (recordemos que la Luna es el planeta más rápido que existe en el firmamento); su memoria es muy prodigiosa, podríamos decir de elefante, lo mismo que le pasa al signo de Capricornio, su opuesto. Le apasiona la naturaleza, el mar, estar en contacto con el agua (que por eso es un signo de agua); podemos verle buceando, al igual que volando con un ala delta o un parapente. Desde la niñez, guarda todas sus experiencias en imágenes, cosa ésta que después recordará cuando sea mayor. Por esta razón, recomiendo a los padres de «un cangrejito» que le canten canciones melodiosas y le den mucho afecto. Podemos decir que es un ser que necesita más expresiones de afecto que un nativo del signo de Piscis. Tendrá sueños que serán premonitorios.

Cáncer relevantes

Alex Zülle, Alfredo Di Stefano, Antoni Gaudí, Bill Cosby, Brigitte Nielsen, Carl Lewis, Carlos Santana, Carly Simon, Cat Stevens, Courtney Love, Cheryl Ladd, Chicho Ibáñez Serrador, David Hasselhoff, Diana de Gales, Diana Spencer, Donald Sutherland, Ernest Hemingway, Federico Martín Bahamontes, Fernando Argenta, Fernando Jiménez del Oso, Fritz Perls, George Michael, George W. Bush, Gerald Ford, Giacomo Puccini, Gina Lollobrigida, Ginger Rogers, Gino Bartoli, Giorgio Armani, Gustav Mahler, Hassán II, Hugo Sánchez, Jean-Jacques Rousseau, Jeff Beck, John Davidson Rockefeller, Juan Antonio Samaranch, Julio César, Karl Orff, Kevin Bacon, Kim Carnes, Kris Kristofferson, Linda Ronstadt, Lola Herrera, Louis Armstrong, Luis Pirandelo, Mel Brooks, Merv Griffin, Meryl Streep, Miguel Induráin, Mike Tyson, Natalie Wood, Nelson Mandela, Olivia DeHavilland, Pablo Neruda, Pamela Anderson, Rubens, Pierre Cardin, Rembrandt, Ringo Star, Robin Williams, Susan Hayward, Sylvester Stallone, Tom Cruise, Tom Hanks, Víctor Erice, Victoria Abril, Wanda Landowska, Yul Brynner.

Cáncer y sus ascendentes

Cáncer ascendente Aries

Aries le da al signo de Cáncer un impulso más vital, decisión, extraversión y dinamismo. El nativo de Cáncer es introvertido, por lo que esta combinación le dará la fuerza que necesita para conseguir sus objetivos. La economía será muy abundante a partir de los cuarenta años. Si tiene un ambiente propicio en sus relaciones humanas y una influencia muy positiva para todo tipo de arte, se desarrollará artísticamente. Sus cinco números de la suerte son: 6, 11, 16, 25 y 34.

Cáncer ascendente Tauro

Felicísimo signo lleno de grandes capacidades para conseguir destacar en el arte. Como a ambos signos les encanta el hogar, encontrará satisfacción en pasar mucho tiempo en casa. En el trabajo tendrá que viajar y cambiar de lugar de origen para poder realizar sus objetivos con éxito. En el terreno afectivo tendrá mucho éxito en las relaciones amorosas. Un dato importante es que trate con cariño su estómago. Sus cinco números de la suerte son: 6, 7, 8, 14 y 26.

Cáncer ascendente Géminis

Grandes contrastes de caracteres que llevarán a la persona por vías de desarrollo diferente. La sensibilidad de Cáncer y la duplicidad de Géminis chocan con una personalidad, que se crea distorsionante. Géminis le aportará gran simpatía; una cualidad muy buena será su bondad de carácter. Para el matrimonio, se le recomienda a un nativo del signo de Sagitario. Sus cinco números de la suerte son: 4, 5, 12, 16 y 33.

Cáncer ascendente Cáncer

La doble caracterología del signo lo convierte en maternal por partida doble. Persona que buscará contraer matrimonio con una persona bastante más mayor que este nativo de Cáncer. Una sensibilidad muy desarrollada para todo lo artístico. Gran capacidad para estudiar idiomas y una intuición a flor de piel, con tendencia a soñar cosas que se le realizarán. Sus cinco números de la suerte son: 3, 6, 10, 12 y 16.

Cáncer ascendente Leo

Potencia comunicativa, impulsada por la fuerza y el poder de Leo. Podrá desarrollar trabajos relacionados con los medios de comunicación. Un magnetismo personal de gran atracción hacia la personas jóvenes. En el trabajo puede desempeñar algo relacionado con el periodismo. En cuanto a la salud, posibilidad de dolores lumbares proporcionados por el ascendente en Leo. Sus cinco números de la suerte son: 6, 8, 14, 31 y 50.

Cáncer ascendente Virgo

Gran posibilidad de inhibición, que con voluntad puede conseguir abrirse, sobre todo llegados a los cuarenta años. Los afectos familiares serán muy fuertes, así como la influencia de la madre sobre este ser. Puede desempeñar trabajos en la carrera política, de derecho y la parte administrativa. Muchas posibilidades de amasar mucho dinero y de tener una herencia muy considerable. Sus cinco números de la suerte son: 5, 6, 10, 17 y 28.

Cáncer ascendente Libra

Una personalidad muy destacada, marcada por la fuerte influencia de Libra, que llevará al nativo de Cáncer a desempeñar actos artísticos de gran envergadura. Se le recomienda que con decisión cultive el arte pictórico, la música y todo cuanto tenga una estrecha relación con el arte. La parte económica tendrá fluctuaciones; todo cuanto esté en relación directamente con el público le será beneficioso. Sus cinco números de la suerte son: 6, 8, 11, 16 y 26.

Cáncer ascendente Escorpio

El misticismo, la fuerza espiritual interior y la introversión son algunas de las características de este signo doblemente de agua. Los sentimientos jugarán un papel muy importante que dejarán en la persona mucha huella. Los celos también juegan un rol importante en esta persona. Es un buen financiero, economista y podríamos decir que nunca le faltará un duro. Sus cinco números de la suerte son: 1, 6, 17, 32 y 60.

Cáncer ascendente Sagitario

La conquista de la velocidad, el éxito y el triunfo económico están asegurados. Los sueños se harán realidad a partir de los treinta y cinco años. Muchos de los viajes serán realizados por alta mar. La intuición será una de sus mejores armas, también es conveniente tener en cuenta la gran cantidad de aventuras amorosas que a lo largo de su vida tendrá. Buen personaje para el deporte. Sus cinco números de la suerte son: 4, 8, 12, 19 y 37.

Cáncer ascendente Capricornio

La responsabilidad y seriedad de Capricornio contrasta con el carácter juvenil, alegre y lunático del cangrejo. En esta combinación habrá que tener en cuenta que ambos signos están en oposición. La puntualidad puede ser una de sus cualidades, al igual que su capacidad para estudiar la carrera de derecho, por ejemplo. Carácter de una persona muy ambiciosa que podrá conseguir lo que quiera, si pone todo su esfuerzo en ello. Sus cinco números de la suerte son: 6, 7, 15, 19 y 31.

Cáncer ascendente Acuario

Estos dos signos son muy divergentes: mientras que el primero se remonta hacia lo tradicional, el segundo camina hacia lo que tiene que venir. Por suerte cuando vaya entrando en la madurez este ser podrá encontrar el equilibrio. Puede tener bastante suerte en el juego. Gran capacidad para los idiomas extranjeros. Sus cinco números de la suerte son: 3, 6, 10, 16 y 36.

Cáncer ascendente Piscis

En ambas partes entra el elemento agua, por tanto la persona en cuestión tendrá sus sentimientos a «flor de piel». La imaginación será muy aguda. Puede ser una persona muy clarividente. En el trabajo destacará por un fuerte magnetismo personal que le traerá muchas amistades. Cualidades innatas para el arte en todas sus manifestaciones. Sus cinco números de la suerte son: 4, 8, 11, 16 y 34.

El profesor Mércury con su amigo el excelente ciclista Miguel Induráin, en la entrega de la carta astral de este último.

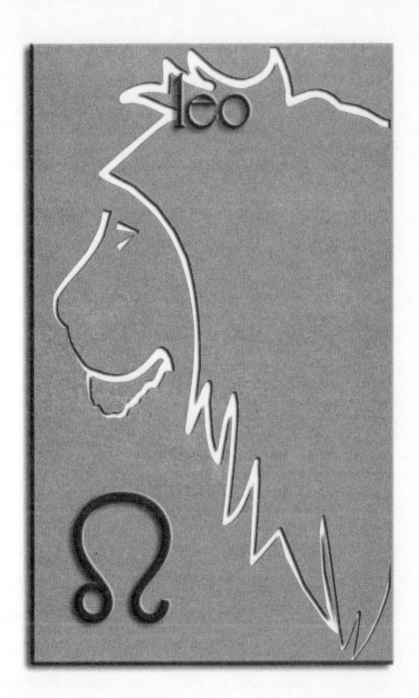

LEO

Del 23 de julio al 23 de agosto

En el horóscopo chino se corresponde con el Mono.
El león, presidente o rey.

SIGNO: Fuego, positivo, fijo, masculino.
PLANETA REGENTE: El Sol (aunque es un astro, en astrología se trata como planeta).
SITUACIÓN EN EL ZODÍACO: Del grado 120 al 150.
DÍA DE LA SEMANA: El domingo.
NÚMEROS DE LA SUERTE: 1 - 4 - 10 - 110 - 1000.
HORA: De 13 a 15 horas.
NOTA MUSICAL: Mi.
COLOR: Amarillo, rojo vivo, anaranjado, ocre.
METAL: Oro.
FLOR: Lavanda.
PLANTA: Hiedra.
PIEDRA PRECIOSA: Diamante, rubí.
SU FRASE: ¡Sé que puedo llegar a ser más!
PAÍSES: Francia, Egipto, Perú, Italia, Rumania, Albania, Yugoslavia, Caldea, Sicilia.

Se corresponde con la quinta Casa del Zodíaco.

Características generales

Tiene una parte de majestuosidad alucinante, trata con gran fortaleza, lo mismo a sus amigos que a sus enemigos. Le encanta ser el centro de atención en todo, únicamente se lo quita un nativo de Piscis, por sus dotes artísticas. Organizador nato, astuto, no pierde el tiempo, necesita de un amor pasional y a ser posible ambicioso; tiene un tacto especial con los niños, a los que quiere mucho, con quienes juega constantemente.

Cualidades

Nobleza de espíritu, organización, dignidad, confianza, generosidad.

Defectos

Orgullo, tiranía, vanidad, pasión desmedida, busca siempre exageradamente la gloria.

Defensor

De los débiles, los desamparados, los oprimidos.

Compatibilidad

La unión con Aries es muy efectiva por ser ambos signos de fuego. Atracción con Tauro espiritualmente, e incluso afectivamente. Con el elemento aire, como es Géminis, existe la posibilidad de una unión duradera. Con el signo de Cáncer, también se realiza una buena combinación. Con su mismo signo, uno de los dos tendrá que dejar el mando. Con el signo de Virgo, fabulosamente, por la inteligencia despierta de este último, que llenará el gran ego de un Leo. El acercamiento con Libra es altamente positivo, ya que a ambos les gusta el contacto y las reuniones sociales.

Al signo de Escorpio le puede crear muchos celos, así que «cuidado». Al arquero Sagitario, como son los dos del elemento fuego, extraordinariamente, teniendo en cuenta que el único signo que domina a un Sagitario es el León. Con el signo de tierra Capricornio, al principio se pueden atraer pero en el fondo hay mucha frialdad. Con el altruista Acuario, por ser un signo opuesto, a 180°, se llevará a las mil maravillas, ya que Acuario es el signo de las sorpresas y eso le encanta y apasiona a un nativo de Leo. Al signo de Piscis, Leo le aporta seguridad; como ambos son los más histriónicos del Zodíaco (teatreros), se pueden divertir mucho.

El niño Leo

Este niño necesita mucho el amor de sus padres. Suele ser líder en los juegos que realiza en el colegio, agregando que le encanta jugar. Debido al magnetismo que tiene, todos sus compañeros le buscarán para jugar con él. Este «leoncito» es dominante desde muy pequeño, la sonrisa es una de sus características principales. Si queremos conseguir que sea buen estudiante, es necesario estimularle a que sea el primero. Le encantan las fiestas, y por esta razón necesita más dinero que otros niños, porque le gusta invitar a sus amiguitos. Aquí, ya despunta por el buen corazón que tiene desde pequeño, su forma de andar es muy majestuosa desde la niñez; una buena manera de educarle es hacerle saber que puede hacer las cosas por él mismo, tanto él como ella, ya que son muy mandones. Es divertido, generoso y magnánimo. A la niña leonina le gustan los vestidos bonitos que destaquen entre los demás y que le digan que es bella. Y al niño leonino le apasiona que le regalen los oídos diciéndole que él es el primero. Los maestros, a veces, dan las notas más altas a este ser; esta circunstancia se debe al gran magnetismo personal que desprende y la alegría de vivir desbordante; le gusta estar donde hay felicidad. Desde muy niño es altamente dramático en sus cosas.

Leos relevantes

Magic Johnson, Alan Leo, Albert Bohadella, Alejandro Fleming, Alfred Hitchcock, Andy Warhol, Antonio Banderas, Antonio Machado, Antonio Resines, Arnold Schwarzenegger, Arturo Tamayo, Ben Affleck, Benito Mussolini, Bill Clinton, Carl Gustav Yung, Cecil B. DeMille, Claude Debussy, Colin Bloy, Christian Slater, David Ducchovny, Dorothy Hamill, Dustin Hoffman, Eduardo Granados, Enrique Granados, Fidel Castro, Gene Kelly, Geri Halliwell, Gillian Anderson, Henry Ford, Isabel Pantoja, Jacinto Benavente, Jacqueline Kennedy Onassis, Jacqueline Kennedy, Jennifer López, José Tamayo, Juan del Encina, Kenny Rogers, Lisa Bishop, Luc Leblanc, Luis Mariano, Madonna, Mae West, Marienma Ros, Mario Moreno (Cantinflas), Martin Sheen, Melanie Griffith, Mick Jagger, Napoleón Bonaparte, Neil Armstrong, Patrick Ewin, Patrick Swayze, Paul Claudel, Pete Sampras, Robert de Niro, Robert Mitchum, Robert Redford, Rosanna Arquette, Sandra Bullock, Sean Penn, Steve Martin, Wesley Snipes, Whitney Houston, William Schumann, Yves Saint Laurent.

Leo y sus ascendentes

Leo ascendente Aries

La impetuosidad del primero influirá en Aries con fuerza, creando un personaje con mucha voluntad y sobre todo con mucho atractivo personal. Si llega joven al matrimonio, tendrá bastantes hijos, la mayoría varones. La familia de este ser es muy importante y por ello luchará con tesón para que no le falte de nada. Sería conveniente que cuide su salud, sobre todo en no hacer grandes excesos en la comida, bebida, etcétera. Sus cinco números de la suerte son: 6, 11, 18, 26 y 40.

Leo ascendente Tauro

Sentirá gran amor al dinero, por la fuerte influencia que Tauro desempeñará sobre el mismo. La persona será bella, armoniosa, con gran amor por el arte. Para estas personas los niños serán también muy importantes. En el plano laboral tendrá un éxito muy considerable. En la madurez, tendrá muchas cosas que irá guardando de los lugares que haya visitado. Sus cinco números de la suerte son: 3, 6, 9, 16 y 29.

Leo ascendente Géminis

El corazón de Leo se puede sentir de alguna manera indiferente por la doble personalidad de Géminis. No obstante, puede ser positivo para relacionarse con los niños y hacer trabajos de investigación. En el trayecto de su vida, que será larga, tiene posibilidad de llevar a cabo al menos dos matrimonios. Se le recomienda que cuide sus pulmones. Les apasionará el deporte en todas sus vertientes. Sus cinco números de la suerte son: 10, 21, 33, 44 y 60.

Leo ascendente Cáncer

La potencia natural de Leo encaja bien con la del signo de Cáncer, e incluso le hace más dulce. Existen muchas posibilidades de viajes largos relacionados con el extranjero. El arte será una de las facetas de este personaje, que tendrá una sensibilidad muy marcada. Si tiene hijos, que serán muy pocos, les dará el cuidado y atenciones que él no ha recibido. Sus cinco números de las suerte son: 10, 15, 19, 26 y 39.

Leo ascendente Leo

Se multiplica la fuerza que ya de por sí tiene el nativo de Leo, crecen su generosidad y magnetismo personal. En el amor, mucha pasión, y para el matrimonio carácter dado a la fidelidad; tendrá muchos amigos que los cultivará toda la vida, y por ellos puede tener problemas económicos; grandes dotes para el teatro. Deseo de ser grande y de ayudar a los débiles de espíritu. Sus cinco números de la suerte son: 1, 9, 11, 37 y 45.

Leo ascendente Virgo

Ambos se complementan, creando un ser con gran magnetismo personal, amor a los niños y un carisma que encontrará en su vida privada, que le apoyará para poder conseguir sus objetivos. En el amor, tendencia al mariposeo y a las aventuras amorosas con el deseo de encontrar alguna novedad. En el terreno de la economía tiene grandes posibilidades de amasar dinero. Mucha necesidad de viajar al extranjero. Sus cinco números de la suerte son: 1, 8, 19, 26 y 34.

Leo ascendente Libra

Excelente combinación de signos. Libra le da romanticismo, diplomacia, extraversión y don de gentes. Muchos romances a la vista; excepcionales aptitudes para la música, el arte en general y el sexo. Para el trabajo desempeñará muy bien lo que esté relacionado con la ayuda y el contacto directo con el ser humano. Realizará muchos viajes al extranjero. Le apasionan los niños. Cuidado con los excesos en la alimentación y con el sexo. Sus cinco números de la suerte son: 1, 5, 10, 28 y 50.

Leo ascendente Escorpio

Unión bastante buena la de estos dos signos. Le apasionará la aventura, los viajes largos y misteriosos. Es una persona muy histriónica. El trabajo es muy importante para este ser. Mirará con admiración a la gente que lucha y con gran dureza a las personas débiles. En las relaciones amorosas, la pasión será su forma de ser, sin ella le faltará vida. De gran corazón y generosidad. Sus cinco números de la suerte son: 3, 7, 10, 11 y 27.

Leo ascendente Sagitario

La audacia, la alegría, cordialidad y optimismo serán algunas de las muchas cualidades que tiene este personaje. Persona con excelente atracción hacia el sexo opuesto. La parte económica la puede conseguir en los negocios, para los cuales tendrá un ojo fenomenal. Encontrará la tranquilidad y la paz en la época de la madurez, realizará muchos viajes a lo largo de su vida. Sus cinco números de la suerte son: 5, 6, 9, 19 y 31.

Leo ascendente Capricornio

Estos dos signos se complementan de alguna manera encontrando grandes oportunidades en su vida. La tenacidad y el tesón de Capricornio, junto con su seguridad, dan un sentido a la vida consiguiendo con fuerza sus objetivos. Muchas posibilidades de cambiar de su lugar de origen. La persona es bastante sabia en la relación con los demás seres. Las cualidades que más destacarán son las siguientes: su espíritu bondadoso, la tenacidad y buen corazón. Sus cinco números de la suerte son: 1, 4, 8, 19 y 39.

Leo ascendente Acuario

El fuego con el aire en algún aspecto se complementan: por un lado Acuario, que, siendo tan original, inventivo y sorpresivo, le da a Leo un poder artístico sensacional. Si llega a casarse, la boda será muy pomposa, ya que el Sol, en la Casa 7 y en Leo, le dará mucha marcha, para llamar la atención en el tema matrimonio. Conviene que este ser tome mucho líquido, fruta y haga ejercicios al aire libre. Existe también posibilidad de separación en el matrimonio, a los siete años de casados. Sus cinco números de la suerte son: 3, 7, 11, 17 y 26.

Leo ascendente Piscis

El personaje irá con frecuencia ahondando en su pasado. Sentirá grandes deseos de vivir y estar en contacto con la naturaleza. Una cosa muy importante a tener en cuenta son sus sueños premonitorios, llegando a conseguir adelantarse a muchos acontecimientos de la vida. Le apasionará la historia y todo cuanto ella lleva consigo. Grandes facilidades para los idiomas, igualmente excelente capacidad para la videncia. Persona muy histriónica. Sus cinco números de la suerte son: 6, 8, 19, 32 y 36.

Alfred Hitchcock.

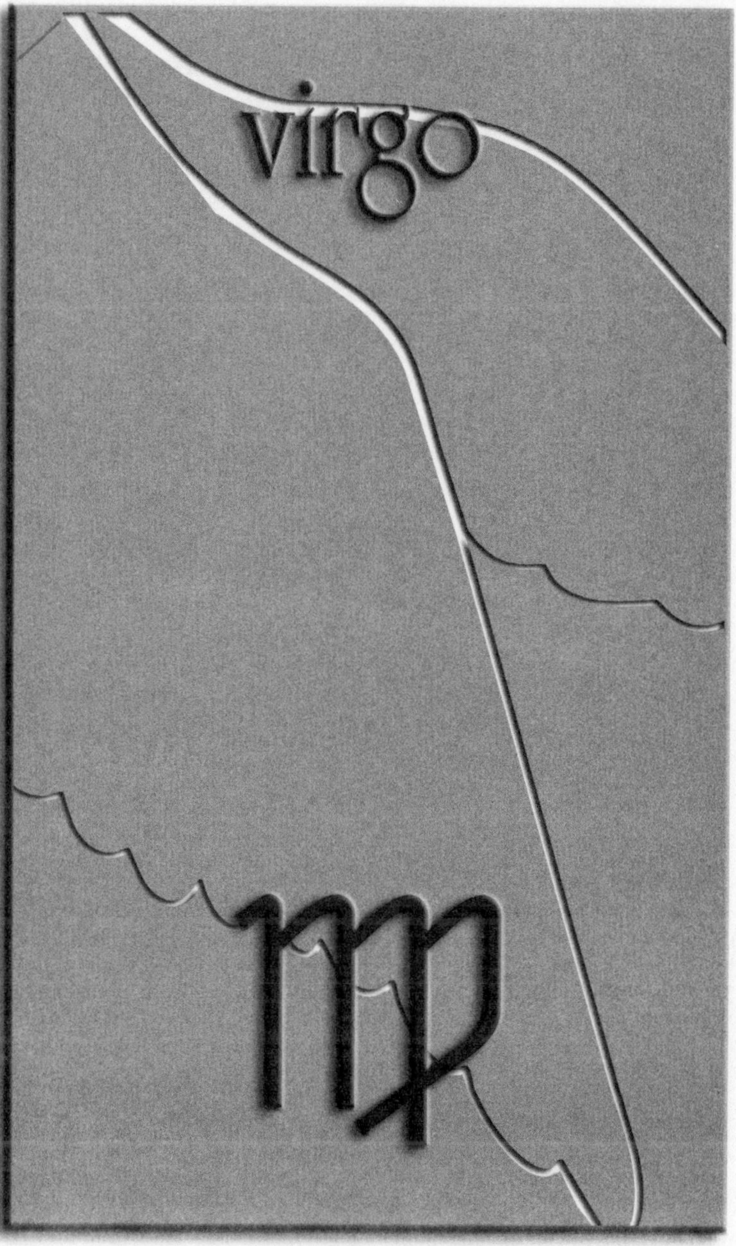
virgo

VIRGO

Del 24 de agosto al 23 de septiembre

En el horóscopo chino se corresponde con el Gallo.
La Virgen, la perfección.

SIGNO: Tierra, negativo, mutable, femenino.

PLANETA REGENTE: Mercurio.

SITUACIÓN EN EL ZODÍACO: Del grado 150 al 180.

DÍA DE LA SEMANA: El miércoles.

NÚMEROS DE LA SUERTE: 5 - 15 - 17 - 27 - 29.

HORA: De 16 a 17 (la caída de la tarde).

NOTA MUSICAL: Fa.

COLOR: Gris claro, verde, violeta, negro, blanco.

METAL: Mercurio, cobre, platino.

FLOR: Jazmín, orquídea, azalea.

PLANTA: Enredadera.

PIEDRA PRECIOSA: Jaspe, turmalina, esmeralda, diamantes.

SU FRASE: ¡Necesito buscar siempre la perfección!

PAÍSES: Brasil, Mesopotamia, Uruguay, Virginia, Suiza, Creta, Noruega, Turquía, Indias Occidentales, Croacia.

Se corresponde con la sexta Casa del Zodíaco.

Características generales

Extraordinario analista humano, comprensible con los más débiles, trabajador, no le asusta nada si tiene que estar trabajando mucho para conseguir sus objetivos. Crítico por naturaleza, esto último lo hace sin intentar herir a los demás. Para conseguir el éxito, necesita tres tipos de soledad. Es como si tuviera siete vidas, porque se puede acostar cansado y a la mañana siguiente se levanta nuevo. Es una persona para los momentos difíciles que está dispuesta al sacrificio cuando quiere conseguir sus objetivos, para lo que luchará con mucho ahínco.

Cualidades

Espíritu práctico, cálculo, capacidad de sacrificio, crítica constructiva, amor universal, persona afortunada.

Defectos

Timidez, preocupación por las enfermedades, exagera demasiado los detalles, egoísmo, ensimismado en la crítica, falta de envergadura y astucia.

Defensor

De los intereses de su familia y los suyos propios, de la puntualidad, de la verdad.

Compatibilidad

Con Aries, excelente en el terreno de la colaboración, dándole los impulsos necesarios para conseguir su desarrollo. Bien con Tauro en el amor, ayudándole este último a los temas relacionados con viajes al extranjero, etcétera.

Con el gran comunicador Géminis, le apoyará para conseguir el éxito social y poder realizar sus objetivos. Con el «cangrejito», una amistad duradera y un gran respeto mutuo, porque ambos aman la casa. Excelente con Leo por su magnanimidad con Virgo, ambos se ayudan para conseguir sus objetivos exitosamente y a esto colabora la inteligencia de Virgo. Libra le aporta al signo de Virgo economía, al igual que querrán conseguir el equilibrio juntos. Para el matrimonio, no es el más aconsejable el misterioso y profundo Escorpión, dada la facilidad de analizar las situaciones difíciles de éste y la gran lucha que tiene Virgo por la perfección; se respetarán y conectarán telepáticamente. Con el gran viajero Sagitario, como a este último le apasiona el carácter virginiano, aportándole excelente atracción hacia la familia, es decir a la familiaridad. La afinidad con Capricornio es muy atrayente y le ayudará a expresar sus sentimientos, aportándole grandes ventajas en lo relativo a su corazón. El altruista Acuario tendrá buena relación de colaboración, consiguiendo ambos comunicaciones hacia el futuro. Y en último lugar Piscis, que como sabemos está en oposición; por esta razón existen ciertas afinidades que surgen de esa diferencia, al igual que los polos opuestos que se atraen, pudiendo tener una unión conyugal.

El niño Virgo

Al ser un niño muy sensible, aunque aparentemente no lo demuestre por su introversión, conviene no agotarle en los estudios, ya que su sistema nervioso podría sufrir mucho. Más bien necesita estímulo y entusiasmarle y hacerle ver que tiene cualidades para el estudio. Es inteligente y suele ser el primero; desde muy joven aprenderá a sacrificarse cuando quiera conseguir algo y le entusiasma todo cuanto necesita precisión y perfección. Estos niños son maduros desde muy jóvenes, aman la familia, cosa que mantienen hasta el fin de su vida. Se lleva bien con sus maestros, e incluso puede ayudar a sus profesores, si se le da un cargo de director del periódico del colegio. Las enfermedades más comunes están relacionadas con el sistema nervioso y el sistema digestivo. Por fortuna, cuando son mayores están totalmente curados, tanto su sistema nervioso como el digestivo, que son sus puntos más débiles.

Desde muy temprana edad, apuntan el carácter que tendrán de mayores: sinceridad, humanidad y una ayuda sin precedentes a las personas mayores. Le confiarán secretos, que guardará en lo más profundo de su corazón: la intuición es una de sus muchas cualidades.

Virgos relevantes

Agatha Christie, Anton Bruckner, Arnold Schönberg, Barry White, Cameron Díaz, Camilo Sexto, Carmen Maura, César Rincón, Clara Schumman, Claudette Colbert, Charlie Sheen, Chris Boardman, David Copperfield, Edgar Rice, Elvis Costello, Fernando Fernán-Gómez, Freddie Mercury, Gabino Diego, Gene Kelly, Gloria Estefan, Greta Garbo, H. G. Wells, Harry Connick Jr., Hugh Grant, Igor Markevich, Ingrid Bergman, Ingrid Bergman, Isabel I de Inglaterra, Jacqueline Bisset, Jeremy Irons, Johan Pachelbel, Johan Wolfgang Goethe, Jorge Luis Borges, José Feliciano, Julio Iglesias, Julio Sabala, Keanu Reeves, Lauren Bacall, Leon Nicolaievich Tolstoi, Luis Eduardo Aute, Madre Teresa de Calcuta, María Dolores Pradera, Maurice Chevalier, Mickey Rourke, Michael Jackson, Michael Keaton, Paul Naschy, Peter Sellers, Ramón Colón Esmatges, Raquel Welch, Raúl González Blanco, Richard Gere, Rocío Jurado, Ronaldo L. Nacario de Lima, Salma Hayek, Salvador Bacarisse, Sean Connery, Shania Twain, Stephen King, Tommy Lee Jones, Van Morrison, Yasir Arafat.

Virgo y sus ascendentes

Virgo ascendente Aries

El impulso que el nativo de Aries le da a Virgo es muy notable, haciéndole más decidido, menos preocupado por encontrar esa perfección que tanto quiere conseguir el signo de Virgo, aunque, como Aries también es perfeccionista, seguirá a veces por ese camino. Las aventuras amorosas están al orden del día. Excelentes aptitudes para los temas caseros y mucho interés en tener las cosas en orden, excelente cocinero/a. Sus cinco números de la suerte son: 5, 9, 11, 18 y 45.

Virgo ascendente Tauro

Mucho amor por las personas mayores. El planeta Venus, regente de Tauro, le da armonía, amor en abundancia, grandes cantidades de dinero y una inteligencia despierta y audaz. Las relaciones públicas serán muy positivas a partir de cumplir los veinte años. Sentirá grandes deseos de ir a visitar países extranjeros. La humildad es una de sus cualidades, muchas posibilidades de engordar. Sus cinco números de la suerte son: 6, 7, 14, 19 y 34.

Virgo ascendente Géminis

Como ambos están regidos por el planeta Mercurio, tendrá mucha facilidad para la comunicación. El deporte que más le gustará será el relacionado con los automóviles y los caballos; tiene mucha facilidad para las matemáticas. Cuidado con las posibles mentiras que desarrollará si Mercurio tiene algún mal aspecto en la Carta Astral. Viajes largos frecuentes. Sus cinco números de la suerte son: 7, 8, 12, 16 y 24.

Virgo ascendente Cáncer

Apasionado por la familia, sueña con un amor romántico que le llegará si saca su voluntad, que en ocasiones la tiene muy inhibida. En economía fantásticamente, creando un futuro muy halagüeño. Si es mujer, será una gran secretaria, sabiendo en ocasiones más que el mismo director. Será conveniente que se cuide de las posibles depresiones nerviosas que puede tener. Le gustará mucho las antigüedades. Sus cinco números de la suerte son: 5, 8, 12, 19 y 24.

Virgo ascendente Leo

Es conveniente que se cuide de su ego, mejor dicho su orgullo. El éxito lo alcanzará por el magnetismo personal que Leo le trasmite con gran fuerza. Si tiende a la depresión, el fuego de Leo le dará fuerza para salir airoso. Persona que le encantará hacer regalos al sexo opuesto. ¡Cuidado con los excesos en la bebida!, estados arrítmicos. Sus cinco números de la suerte son: 6, 8, 9, 17 y 36.

Virgo ascendente Virgo

Signo lleno de paternalismo para el hombre y de gran sensibilidad e inteligencia, la mujer es una buena ama de casa y una excelente cocinera. La mejor labor que puede desempeñar es en los medios de comunicación: periodismo, literatura y de forma especial en algún organismo gubernamental. Sentirá deseos de criticarlo todo, aunque su crítica siempre será constructiva. Sentirá mucho amor por las personas mayores. Sus cinco números de la suerte son: 7, 11, 17, 32 y 40.

Virgo ascendente Libra

Un signo muy feliz por el fuerte influjo de Libra, que hace de este signo un ser sociable, tendrá cierta brillantez en las relaciones humanas con más intensidad que el propio nativo de

Virgo. Si llega a casarse será en la madurez; gran fuerza para el arte, la pintura, la música, poesía, etcétera. El éxito económico lo conseguirá en una edad avanzada. Buen amante. Sus cinco números de la suerte son: 5, 12, 17, 26 y 44.

Virgo ascendente Escorpio

La fuerza espiritual y agresiva de Escorpio impulsa al moderado Virgo a ser más pródigo, intuitivo y con poderes ocultos. Igualmente tendrá un carácter bastante cambiante con ideas de anarquía muy desarrolladas. La lucha constante para conseguir los objetivos es muy poderosa. En el amor mucho éxito. En la economía, muy fluyente y desarrollada. Sus cinco números de la suerte son: 6, 8, 13, 21 y 33.

Virgo ascendente Sagitario

Mucha predisposición al deporte: natación, fútbol, etcétera. Algo que también hay que destacar es la predisposición a la danza, pintura y música. La inquietud por los ideales de espíritu también será muy fuerte. En el tema matrimonio, o se casará joven o ya no se casará. Una fuerte cantidad de dinero cosechará a lo largo de su vida. Sus cinco números de la suerte son: 1, 4, 8, 16 y 26.

Virgo ascendente Capricornio

Muchas cualidades para el periodismo y gran ambición en la vida. El dinero le llegará en abundancia con la madurez. En ocasiones tendencia a la melancolía, que tendrá que superar si quiere que el fuerte influjo de las influencias beneficiosas de Capricornio no se estropeen. En el tema matrimonio se le aconseja que se case pasados los treinta años. Le conviene cuidarse la circulación de la sangre, llevando una dieta alimenticia rica en frutas. Sus cinco números de la suerte son: 6, 7, 10, 22 y 31.

Virgo ascendente Acuario

Excelente combinación para conseguir de la vida un sentido humanitario de primera magnitud. El dinero tendrá poca importancia, en cambio los sentimientos serán muy fuertes. La fuerza espiritual y artística se manifiesta en la música, pintura y el cine. Buscará con tesón la respuesta de el porqué de las cosas. Un deseo muy grande en descubrir la vida. Sus cinco números de la suerte son: 4, 6, 9, 17 y 29.

Virgo ascendente Piscis

Aunque estos signos son opuestos, se crea en el personaje una ambivalencia llena de contrastes que llevan al ser hacia una expresión social llena de humanidad, que convierte a este signo mixto en el de los grandes filósofos y pacifistas. En ocasiones es propenso a la inercia, el descanso y el reposo. El dinero lo conseguirá con facilidad. En amor, una pasión duradera; tiene momentos de fantástica lucidez y otros de meditación profunda. Sus cinco números de la suerte son: 4, 8, 16, 31 y 46.

Julio Iglesias (izquierda) con el profesor Mércury.

LIBRA

Del 24 de septiembre al 23 de octubre

En el horóscopo chino se corresponde con el Perro.
La balanza, la justicia.

SIGNO: Aire, positivo, cardinal, masculino.

PLANETA REGENTE: Venus.

SITUACIÓN EN EL ZODÍACO: Del grado 180 al 210.

DÍA DE LA SEMANA: El viernes.

NÚMEROS DE LA SUERTE: 2 - 17 - 19 - 31 - 40.

HORA: De 14 a 15 (primeras horas de la tarde).

NOTA MUSICAL: Fa sostenido.

COLOR: Violeta, azul pálido, rosa, negro.

METAL: Cobre, platino.

FLOR: Violeta, rosa.

PLANTA: Laurel, azafrán.

PIEDRA PRECIOSA: Diamante, zafiro, coral, berilo.

SU FRASE: ¡Necesito justificar mi existencia!

PAÍSES: Argentina, Austria, Birmania, el Alto Egipto, Tíbet, Japón, Cuba, Venezuela.

Se corresponde con la séptima Casa del Zodíaco.

Características generales

Los del signo Libra luchan por la justicia, buscan la armonía en todo. El verdadero equilibrio lo consiguen si tienen su media naranja, son ordenados, limpios, odian los mimos. Son muy diplomáticos, les gustan los animales. En amor van de flor en flor. Son capaces de guardar secretos suyos y de los demás. Hablando de equilibrio, pueden ser los más desequilibrados. Son muy ambiciosos. No les gusta que la gente sufra y tendrán que combatir la pereza.

Cualidades

Juicioso intelecto, movimiento, armonía, paz, temperamento muy afectuoso.

Defectos

Celos, pereza, le falta perseverancia, se da a la vida fácil.

Defensor

De la justicia, la armonía, el matrimonio, las asociaciones, el mundo de la belleza, el amor.

Compatibilidad

Con Aries, al ser signos opuestos, la compenetración será muy potente, incluido el matrimonio. Con Tauro, por estar ambos gobernados por el planeta Venus, la armonía será maravillosa. Con Géminis, por ser los dos signos de aire, encontrarán una buena comunicación en el amor. El signo de Cáncer sentirá una atracción especial por Libra, admirando esa cualidad que llamamos el «don de la oportunidad». Con Leo, como a los dos les gusta aparecer en público y rodearse de amigos, se respetarán; de igual manera sentirán cierta atracción en la parte afectiva. Con el virginiano se complementa por tener uno lo que le falta al otro, luchando de esta forma para encontrar el equilibrio. Con su mismo signo, la asociación puede ser bastante positiva, aunque en ocasiones monótona. Con el profundo Escorpio, se respetan, ya que a Libra le atrae el gran poder sensual de Escorpión. Al viajero Sagitario le puede atraer Libra y en algunos casos puede ser una unión excelente. Con Capricornio, no demasiado positiva, por el aislamiento que quiere Capricornio y la sociabilidad que pide Libra. Con Acuario, cierto magnetismo para el amor y sobre todo para una comunicación muy espiritual. En último término, con Piscis puede ser regular la unión, aunque este último, dada su diplomacia, se lleva bien con todos los signos.

El niño Libra

Tanto el niño como la niña de este signo justiciero tienen mucha paciencia para los juegos, debido a que desde muy pequeños aman la paz y rehuyen todo lo que tenga que ver con la violencia. Es recomendable enseñarles clase de música, danza, pintura, todo cuanto se relaciona con la belleza. Si por ejemplo le damos a escoger entre dos desayunos o dos películas de cine, no sabrá cuál elegir. Por este motivo conviene darles las cosas de cuando en cuando. Este es uno de los niños que más necesita la paz y el silencio, su voz será muy melodiosa y una característica muy destacada es que la niña de este signo, desde muy temprana edad, jugará a muñecas, a papás y mamás (tengo un amigo que tiene una nativa del signo de Libra y, con cinco añitos, dice tener más de veinte novios). Como este signo lucha por el equilibrio, éste lo puede conseguir no estando mucho tiempo solo; otra cualidad es que escribe desde la niñez las cosas que quiere hacer: «De ahí que Libra rija la edición de los libros». Se muestra sociable y, de manera especial, como buen compañero y amigo.

Libras relevantes

Adolfo Suárez, Angela Landsbury, Angie Dickinson, Antonio Gala, Art Garfunkel, Badura Skoda, Brigitte Bardot, Bruce Sprinsteen, Carmen Sevilla, Catherine Zeta Jones, Chevy Chase, Christopher Reeve, Chuck Berry, Dwight Eisenhower, Fernando Sánchez Dragó, Franz Liszt, Friedrich Nietzsche, Gandhi, Giuseppe Verdi, Groucho Marx, Gwyneth Paltrow, Ichiro Suzuki, Jacques Chirac, Jean Claude Van Damme, Jerry Lee Lewis, Jimmy Carter, John Lennon, John Lennon, Jorge Valdano, Juan March, Julie Andrews, Julio Iglesias, Kate Winslet, Lech Walesa, Linda McCartney, Luciano Pavarotti, Margaret Tatcher, Maribel Verdú, Martina Hingis, Martina Navratilova, Matt Damon, Meat Loaf, Michael Douglas, Miguel de Cervantes Saavedra, Miguel de Unamuno, Olivia Newton-John, Oscar Wilde, Paul Dukas, Paul Hogan, Paul Simon, Pedro Almodóvar, Ray Charles, Rita Hayworth, Roger Moore, Sancho Gracia, Sigourney Weaver, Sting, Susan Sarandon, Tom Petty, Will Smith, Yves Montand.

Libra y sus ascendentes

Libra ascendente Aries

Como el signo de Libra es armonioso, dulce y tranquilo, Aries le da empuje, fogosidad y mucho ardor. Por ello, su carácter tiene muchos momentos melancólicos, junto con otros de euforia, y cuando esté alegre, con posibles desenfrenos. Asimismo puede ser de carácter temerario. El éxito en el ambiente familiar y sentimental tendrá un buen final. Con el tiempo irá consiguiendo el equilibrio, sobre todo si tiene la parte afectiva resuelta. Sus cinco números de la suerte son: 6, 8, 12, 31 y 48.

Libra ascendente Tauro

Como ambos están regidos por el planeta Venus, esta doble vertiente le aporta belleza y un carácter fascinante, éxitos financieros, así como gran fuerza sensual, tendrá que cuidar la costumbre de correr demasiado. Un carácter pasivo que podrá solucionar marcándose objetivos en su vida, también es probable que se incline a los escándalos, posibles afecciones de garganta. Sus cinco números de la suerte son: 7, 21, 35, 40 y 69.

Libra ascendente Géminis

Como ambos son signos de aire, para este ser será muy importante la comunicación; por ello destacará en todo cuanto tenga que ver con el contacto directo con el público. Destacando principalmente en la fotografía, medios de comunicación, etcétera. En amor, carácter hacia la infidelidad propia del signo de Libra; donde puede tener éxito es en los medios de comunicación. Realizará muchos viajes al extranjero. Sus cinco números de la suerte son: 4, 6, 11, 19 y 36.

Libra ascendente Cáncer

Recuerda el pasado con nostalgia, persona de carácter religioso. Posee una característica general a encerrarse en sí mismo y encontrar su intimidad en solitario. Este es un personaje con mucha sensibilidad a todo lo relacionado con el arte. La parte económica será muy importante para él. El matrimonio lo llevará a cabo con una persona de mayor edad. Mucha influencia de la Luna. Sus cinco números de la suerte son: 7, 11, 18, 25 y 35.

Libra ascendente Leo

La majestuosidad de carácter, la sociabilidad y un ardiente deseo de destacar en el mundo social serán unas de sus ambiciones. En el terreno económico se comportará con inteligencia. Las mujeres de este signo suelen ser muy hermosas; con la madurez llegará a conseguir grandes cantidades de dinero. Poseerá un magnetismo personal muy desarrollado, puede ser una buena modelo. Sus cinco números de la suerte son: 3, 6, 9, 16 y 25.

Libra ascendente Virgo

Un carácter benevolente y buscando siempre armonía en todo, una forma de ser que le puede llevar a una vida de monotonía. El ser en cuestión será muy inteligente y llevará sus objetivos a buen término. Si llega al matrimonio, lo hará con una persona intelectual. Le gusta relacionarse con personas de gran condición social. La amistad, en él o en ella, es fundamental en su vida, tiene poderes curativos y de videncia. Sus cinco números de la suerte son: 10, 15, 27, 34 y 60.

Libra ascendente Libra

La doble vertiente de Libra le da un alto sentido de la justicia, el carácter será muy armonioso con deseos de infidelidad. Para la música, grandes dotes. En el trabajo buscará algo que esté directamente en contacto con el público. Es recomendable que realice ejercicios de yoga, salidas al campo y que se relacione con los signos de fuego. Sus cinco números de la suerte son: 3, 7, 16, 29 y 37.

Libra ascendente Escorpio

El signo de Escorpión le da un carácter atormentado y será necesario que medite sobre ello con fuerza. En el amor le convendrá una persona que haya encontrado el equilibrio. La inclinación a la mentira y al engaño es muy fuerte. Se puede dedicar al arte, la investigación y todo lo relacionado con lo oculto; estará entre la paz y la guerra. Sus cinco números de la suerte son: 1, 8, 16, 31 y 40.

Libra ascendente Sagitario

La grandeza de espíritu y la personalidad son algunas de las características de este signo mixto, que le llevan hacia un éxito social, económico y afectivo. La conquista la lleva a cabo a través de un carácter positivo y jovial. Muchos viajes a través de su larga vida y grandes amigos. Sus cinco números de la suerte son: 5, 6, 8, 16 y 19.

Libra ascendente Capricornio

Persona muy dada a autoanalizarse; la ambición desmedida es fuerte. Este es de una naturaleza que valorará mucho el tiempo, y en una reunión intentará tener siempre la última palabra. En la profesión podrá desempeñar cargos relacionados con la justicia, la exactitud y todo cuanto tenga que ver con el bien de la humanidad. Sus objetivos los conseguirá en la madurez, dirigirá con mano maestra una empresa. Sus cinco números de la suerte son: 6, 9, 12, 17 y 31.

Libra ascendente Acuario

Ambos signos regidos por el elemento aire, hacen de este ser humano una persona con gran interés hacia todo cuanto tenga que ver con el humanismo. La amistad la tendrá en alta estima. Unas de las características muy desarrolladas serán su independencia y libertad, que valorará mucho. Le apasionará conocer otras culturas y costumbres de otros países, puede ser un gran astrólogo. Sus cinco números de la suerte son: 6, 7, 19, 26 y 38.

Libra ascendente Piscis

Tendrá que combatir la duda y la incertidumbre, si quiere desarrollar sus cualidades, que por cierto son muchas. Los sentimientos estarán muy desarrollados, teniendo una fuerte intuición por lo que él o ella se quedarán en ocasiones anonadados. En donde podrá destacar es en la náutica, la moda de alta costura y la arquitectura. Su espíritu de sacrificio es muy grande, cosa que en ocasiones le llevará a altas esferas de sacrificio. Sus cinco números de la suerte son: 2, 4, 11, 16 y 26.

El gran tenor Luciano Pavarotti con el profesor Mércury en el Auditorio Nacional de Música de Madrid.

escorpio

ESCORPIO

Del 24 de octubre al 22 de noviembre

En el horóscopo chino se corresponde con el Jabalí.
El escorpión, la lagartija, el águila.

SIGNO: Agua, negativo, fijo, femenino.
PLANETA REGENTE: Plutón y Marte.
SITUACIÓN EN EL ZODÍACO: Del grado 210 al 240.
DÍA DE LA SEMANA: El martes.
NÚMEROS DE LA SUERTE: 0 - 9 - 13 - 21 - 35.
HORA: De 17 a 18 (la del alba o del crepúsculo).
NOTA MUSICAL: Sol.
COLOR: Rojo intenso, verde, bronce, gris, azul fuerte, blanco.
METAL: Acero, hierro, platino.
FLOR: Clavel rojo, reseda, azucena.
PLANTA: Cacto, laurel, acebo.
PIEDRA PRECIOSA: Rubí, coral, topacio, cornalina, malaquita.
SU FRASE: ¡Sé que no estoy solo!
PAÍSES: México, África del Norte, Cataluña, Marruecos, Noruega, Argelia, Baviera, Israel, Judea.

Se corresponde con la octava Casa del Zodíaco.

Características generales

Poseen una voluntad fuera de lo común, nada se opone a sus objetivos, pues se crecen con los obstáculos. Misteriosos, introvertidos y con un amor propio desmedido, perfeccionistas y extremistas. Lo mismo pueden ser santos, que todo lo contrario. Poseen nervios de acero, leen el pensamiento de los demás. Excelentes amigos, desprendidos y generosos. Les gusta viajar de incógnito; en el amor, son celosos y exclusivistas. En la madurez pueden tener mucho dinero.

Cualidades

Capacidad de concentración, misticismo, poder, tenacidad, voluntad, gran habilidad para analizar un problema por muy difícil que se presente.

Defectos

Violencia, brutalidad, odio, crítica, envidia, exceso en la discreción, extremismo.

Defensor

De la verdad, de la justicia, de los débiles, de su familia y de sus ideas.

Compatibilidad

Con Aries, en un principio bien, aunque pueden surgir celos. Se sentirá atraído por Tauro; aunque son signos opuestos, se atraen. Con Géminis pueden existir algunas afinidades muy positivas. Con el signo de Cáncer, al ser este último una persona que le gusta saber lo que se guisa a su alrededor, con

Escorpio lo tiene fácil. Con el signo de Leo, si evitan los celos mutuos, se pueden ayudar bastante. Al ser Virgo un signo perfeccionista, a Escorpio le apasiona esa reacción, mientras que Virgo valora la capacidad de un nativo de Escorpio para analizar situaciones por muy difíciles que sean. Con su mismo signo se pueden unir y de esta manera criticar a los demás con gran entusiasmo. Con el nativo de Sagitario pueden encajar bien si ella es mujer. Una relación con Capricornio es excelente; citemos el caso de S. M. D.ª Sofía (Escorpio) y S. M. D. Juan Carlos I (Capricornio). Con Acuario, fuertes lazos de relación humanística. Finalmente, con Piscis puede ser una unión fabulosa, teniendo en cuenta que ambos son signos de agua.

El niño Escorpio

Es introvertido, buen deportista, en los estudios le gusta ser de los primeros, cosa ésta que aprenderá de los niños más fuertes que él. Este niño tiene gran facilidad para ocultar su pensamiento, pero en cambio descubrirá con mucha facilidad el pensamiento de los otros. Tiene una mirada fuerte, que hipnotiza con facilidad a la gente; por ello cuando quiere conseguir algo, lo podrá lograr con poder y convicción. Le apasionan los juegos que tengan agresividad y sobre todo donde haya muchos niños. Le gusta el campo, ir de cámping por ejemplo. Quiere ganar a su padre en todo. Puede realizar dos carreras, pero si consigue trabajar, abandonará las dos. Desde niño quiere tener una independencia económica. Si alguien le rompe un juguete, él le romperá dos, ya que es muy celoso y tiene un gran amor propio. Desde muy temprana edad posee gran fuerza en su mirada, sus ojos brillan como los de un mago, ellos le mirarán sin pestañear. Le gustan las películas de terror, de fantasmas y las violentas.

Escorpios relevantes

Adam Ant, Antonio Gades, Bill Gates, Bo Derek, Bryan Adams, Burt Lancaster, Calista Flockhart, Calvin Klein, Carlos de Inglaterra, Charles Bronson, Danny DeVito, David Bolton, Demi Moore, Diego Armando Maradona, Domenico Scarlatti, Dorothy Day, Francisco Tárrega, François Mitterrand, Glenn Frey, Goldie Hawn, Grace Kelly, Hillary Clinton, Jaclyn Smith, Joaquín Rodrigo, Jodie Foster, Johan Strauss (hijo), John Cleese, José Luis Chueca, Julia Roberts, Julio Anguita, Julio Caro Baroja, Karl María Weber, Leonardo DiCaprio, Luis Cobos, Madame Curie, Meg Ryan, Michael Landon, Narciso Yepes, Nicolo Paganini, Pablo Ruiz-Picasso, Paloma San Basilio, Paul Hindemith, reina Doña Sofía, rey Hussein de Jordania, Richard Burton, Robert L. Stevenson, Rock Hudson, Roseanne, Roy Scheider, Sito Pons, Ted Turner, Theodore Roosevelt, Whoopi Goldberg, Winona Ryder.

Escorpio y sus ascendentes

Escorpio ascendente Aries

Un fuerte amor propio, agresividad sin límites, persona autoritaria con un carácter misterioso que con el poder que ejerce en las personas estará dispuesto a conseguir todos sus propósitos por muy difíciles que sean. El extremismo es una de sus formas de ser. La familia es imprescindible en su vida. En el amor es celoso. Posibles dolores de cabeza. Deseo de viajes largos y de descubrir los secretos más recónditos de la vida. Sus cinco números de la suerte son: 2, 8, 16, 27 y 39.

Escorpio ascendente Tauro

En ocasiones carácter dulce y sosegado y en otras celoso, impertinente y con tendencia a acarrear muchas cosas y objetos. La garganta será una de las partes del cuerpo más sensibles, con propensión al reuma. Una fortaleza sensual muy grande que sorprenderá en ocasiones a la gente. Sus cinco números de la suerte son: 6, 9, 17, 36 y 42.

Escorpio ascendente Géminis

Una forma de ser simpática, amena y comunicativa, que atraerá a la gente por su magnetismo personal. En el estudio, puede destacar en lo relacionado a la ciencia; querrá viajar desde muy joven a países lejanos. El sistema nervioso es conveniente que lo vigile y que practique algo relacionado con la relajación. En ocasiones su carácter es depresivo, pudiendo dominarlo estudiando y leyendo libros de autoayuda. Sus cinco números de la suerte son: 3, 16, 24, 33 y 69.

Escorpio ascendente Cáncer

Un signo magnífico para ser artista, con un poder magnético sensacional; la predisposición a las ciencias ocultas es enorme. La mujer posee una fascinación dada al misterio, con gran atracción al sexo opuesto. El hombre tiene una intuición desmedida. Magnífica suerte en la parte económica. La inclinación religiosa es muy grande. Algo a tener en cuenta es la identificación con su pasado. Sus cinco números de la suerte son: 4, 9, 16, 28 y 35.

Escorpio ascendente Leo

La ambición de poder será muy grande, consiguiendo sus objetivos a través de una atracción personal que conseguirá que las personas hagan lo que quiere, por medio de su simpatía y vitalidad. Le gustan los niños y buscará en su pareja un ser importante. Con un carácter fuerte, de hierro diría yo, que se elevará por encima de las adversidades con fuerza y poder. Sus cinco números de la suerte son: 1, 6, 17, 27 y 34.

Escorpio ascendente Virgo

Un carácter de gran fascinación, en ocasiones con mucha disciplina. Siente gran pasión por la amistad, la familia y todo cuanto le acerca al ser humano. Podrá desempeñar un buen papel en la sanación, las ciencias ocultas y en algo relacionado con lo detectivesco. En ciertos momentos tendrá rasgos de genio. Sus cinco números de la suerte son: 6, 9, 14, 19 y 38.

Escorpio ascendente Libra

Persona con gran musicalidad por el fuerte influjo de Libra. Tiene un carácter en ocasiones atormentado y en otras consigue el equilibrio por medio del hogar, por ejemplo, o una pareja que le complemente. Las crisis sentimentales le causarán gran daño. Para conseguir la felicidad que busca, necesitará que pase el tiempo; a decir verdad, esto lo puede conseguir con la madurez. La tendencia al matrimonio será más bien tardía. Sus cinco números de la suerte son: 7, 12, 18, 25 y 44.

Escorpio ascendente Escorpio

El carácter de independencia y necesidad de movimiento, con un fuerte deseo de viajes y aventuras, marcará en este signo un ser lleno de simpatía, conocimiento y un nivel cultural extraordinario. En amor, el interés por querer conocerlo todo es enorme. Acarreará grandes cantidades de dinero que gastará con mucha alegría. Mucha posibilidad de dos matrimonios. Sus cinco números de la suerte son: 4, 8, 16, 27 y 39.

Escorpio ascendente Sagitario

El carácter de este personaje será muy dulce, benevolente y de manera especial viajero. Muchas posibilidades de realizar dos trabajos a la vez. La música y el deporte son dos de las cosas importantes que puede desarrollar esta persona a lo largo de toda su existencia. Con poderes para las ciencias ocultas, la videncia y la telepatía, querrá vivir en un país extranjero. ¡Ojo a las excesos con el alcohol y el tabaco! Sus cinco números de la suerte son: 9, 19, 32, 45 y 49.

Escorpio ascendente Capricornio

Gran personalidad con carácter fuerte y determinante. En el ambiente amoroso, mucho éxito y gran fuerza sexual. En el trabajo será pionero y conseguirá destacar con fuerza en aquello que se proponga llevar a cabo. Las finanzas le sonreirán a partir de los treinta años. Éxitos en el extranjero. Le apasionará la lectura, los paseos al aire libre y el conocimiento humano y de los animales. Sus cinco números de la suerte son: 6, 12, 19, 36 y 50.

Escorpio ascendente Acuario

Posee poderes para la mediumnidad con mucha lucidez. Audacia para ser revolucionario e inconformista. Signo con excelentes cualidades para ser artista. La búsqueda de independencia es fundamental, así como querer pensar y accionar siempre por su cuenta. El magnetismo personal y la intuición son muy fuertes. Será conveniente que cuide el extremismo a excederse en todo cuanto haga. Sus cinco números de la suerte son: 11, 16, 29, 35 y 51.

Escorpio ascendente Piscis

Estará en la cuerda floja entre el éxito y el fracaso. Es posible que se case muy joven, aunque también existen grandes posibilidades de un segundo matrimonio, buscando la perfección en el amor. Internamente estará en una lucha constante que en ciertas ocasiones conseguirá superar y otras se quedará en el camino; tendrá sueños premonitorios que sorprenderán a mucha gente, será propenso a olvidarse de las cosas con facilidad, así como a dejarse llevar por la pereza si no encuentra interés en algo. Sus cinco números de la suerte son: 4, 19, 28, 31 y 60.

Su Majestad la reina Dª Sofía (Escorpio), el fotógrafo Juan Yenes (Libra) y el profesor Mércury.

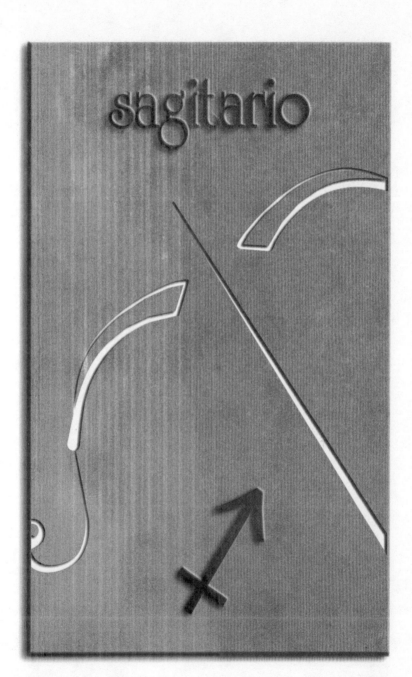

SAGITARIO

Del 23 de noviembre al 21 de diciembre

En el horóscopo chino se corresponde con la Rata.
El arquero, el de la suerte.

SIGNO: Fuego, positivo, mutable, masculino.

PLANETA REGENTE: Júpiter.

SITUACIÓN EN EL ZODÍACO: Del grado 240 al 270.

DÍA DE LA SEMANA: El jueves.

NÚMEROS DE LA SUERTE: 6 - 14 - 23 - 33 - 40.

HORA: De 16 a 17 (la plena tarde).

NOTA MUSICAL: Sol sostenido.

COLOR: Azul oscuro, granate, blanco, malva, púrpura, negro.

METAL: Bronce, estaño.

FLOR: Alhelí, gladiolo, violeta.

PLANTA: Mejorana, sauce, lirio.

PIEDRA PRECIOSA: Turquesa, zafiro, rubí, cornalina.

SU FRASE: ¡Yo amo la vida!

PAÍSES: Arabia, Toscana, Hungría, Australia, España, Provenza, Madagascar, el oeste de Francia.

Se corresponde con la novena Casa del Zodíaco.

Características generales

Se casa con su libertad, es un buen psicólogo, tiene suerte, podemos decir que, junto con un nativo de Virgo, son los de más suerte de todo el Zodíaco; cambian fácilmente de carácter, le apasiona el mundo animal. Tendrá en su casa perros y gatos, y en la cuadra caballos. Viajero incansable, quiere conocerlo todo. Alegres, divertidos, «se dice que para la persona que se arrima a un Sagitario, su vida será como una fiesta».

Cualidades

Vitalidad, entusiasmo, adaptabilidad, vida deportiva al aire libre, amor universal, optimismo, filósofo, religioso, pensamientos hacia el más allá.

Defectos

Nervioso, afán de jugarse el dinero, riesgo incontrolado, moral a su aire, demasiado preocupado por visitar el extranjero.

Defensor

De los animales, de las zonas verdes, la libertad y la cultura.

Compatibilidad

Con Aries, fantásticamente teniendo en cuenta que ambos son del elemento fuego. A Tauro le aportará impulso, vitalidad y decisión. Al comunicativo Géminis, al estar en oposición, esto hace que se cree un gran dinamismo, además ambos aman su libertad. Al casero Cáncer, un nativo de Sagitario, le ayudará a salir más de casa y a viajar. Con Leo, la unión es extraordinaria, partiendo de la base de que este último es el único que domina a Sagitario. El nativo de Virgo tiene un carácter que fascina a los sagitarios. Con **Libra** la relación puede ser muy afectiva en algunos casos. Con **Escorpio**, si la mujer es Sagitario, las relaciones pueden ser muy duraderas. Un **Sagitario** con otro Sagitario se pueden pasar la vida viajando y como tienen muchas afinidades se divertirán mucho (una fiesta constante). Con un **Capricornio**, la armonía puede resurgir, si este último no es tan introvertido. Con un **Acuario**, pueden vivir temporalmente, pero nada más. Con **Piscis**, la unión es difícil a no ser que tengan ascendentes que se complementen entre sí.

El niño Sagitario

Desde muy pequeño denota una gran personalidad. Ama y practica el deporte con gran entusiasmo. Es muy alegre y divertido y le gustan los juegos que tengan mucho movimiento. Al caminar, lo hace con rapidez. No es buen administrador del dinero, ya que se lo gasta con gran rapidez. Si se le riñe, es conveniente no hacerlo delante de nadie. Es muy curioso por naturaleza y preguntará todo cuanto se le ocurra; sincero y franco, al igual que el niño nativo de Aries, cosa que mantendrá toda su vida, por ello meterá la pata con gran facilidad, aunque también tiene gracia para arreglar la metedura de pata. Desde muy pequeño se sentirá con vocación de religioso. Es un buen estudiante, sacando muy buenas notas en el colegio. Muy torpe al caminar, se tropezará con facilidad con las cosas de la casa.

Sagitarios relevantes

Alberto Chueca, Alfonso X el Sabio, Alfredo Kraus, Antonio Rubinstein, Antonio Tàpies, Arancha Sánchez Vicario, Bartolomé Esteban Murillo, Bette Midler, Billy Idol, Brad Pitt, Britney Spears, Bruce Lee, Camarón de la Isla, Carlos Gardel, Concha Velasco, Christina Aguilera, Daryl Hannah, David

Carradine, Dick Van Dyke, Dionne Warwick, Dolores Ibarruri, Don Johnson, Enrique Ponce, Ernesto Tecglen, Felipe Campuzano, Francisco Franco Bahamonde, Frank Sinatra, Henry Fonda, Infanta Elena de Borbón, Jane Fonda, Jeff Bridges, Jesús Puente, Jimi Hendrix, Joe DiMaggio, José Bono, José Carreras, Juan José Bonilla, Kiefer Sutherland, Kim Basinger, Kirt Douglas, Laurent Jalabert, Little Richard, Ludwig Van Beethoven, Luis Miguel Dominguín, Manolo Sanlúcar, Manuel de Falla, Manuel Fraga Iribarne, María Asquerino, María Callas, Mark Twain, Matías Prats, Michel de Nostradamus, Mónica Seles, Paco Camino, Paco de Lucía, Rafael Alberti, Santiago Cañizares Ruiz, Sinead O'Connor, Steven Spielberg, Tina Turner, Tony Isbert, Tyra Banks, Uri Geller, Valerio Lazarov, Verónica Forqué, Walt Disney, Winston Churchill, Woody Allen.

Sagitario y sus antecedentes

Sagitario ascendente Aries

El fuego de ambos signos le aporta fuerza, espontaneidad, gran sentido de libertad y una forma de ser revolucionaria. Sentido familiar elevado, siempre dispuesto a viajar. En amor, fuerte deseo de aventuras, espíritu honesto, sincero y con tendencia a decir siempre la verdad, por esta razón meterá la pata en más de una ocasión. Será conveniente que cuide los excesos del alcohol y el sexo. Sus cinco números de la suerte son: 6, 9, 14, 23 y 31.

Sagitario ascendente Tauro

Carácter expresivamente ardiente, deseo de poder material. En amor mucha pasión, necesidad de conseguir un matrimonio a temprana edad. Excelente persona para realizar trabajos que tengan que ver con el público, es decir en contacto con él. Una necesidad de mandar sobre los demás. En más de una ocasión se obstinará en una idea fija cuando quiera algo. Sus cinco números de la suerte son: 4, 10, 21, 34 y 50.

Sagitario ascendente Géminis

Una inteligencia muy despierta que en ocasiones le llevará a conseguir sus objetivos con fuerza, aunque la dualidad de este ser hará que muchas veces dude de su capacidad para poder desarrollar sus cualidades. Le encantarán los juegos, las diversiones, las vacaciones. Es muy importante que se cuide los pulmones, hígado y el exceso en la bebida. Mucho éxito con el sexo opuesto. Sus cinco números de la suerte son: 7, 10, 17, 25 y 36.

Sagitario ascendente Cáncer

La influencia de la madre es poderosa, esta persona tiene sensibilidad muy notoria junto con un carácter caritativo y bondadoso. En ocasiones tendrá depresiones que pueden dar como resultado dolores de estómago, jaquecas, etcétera. Excelente combinación de signos para realizar labores artísticas, en la escultura, cerámica, diseño, etcétera. Este ser pronunciará muchos momentos de su pasado, queriendo recordar hasta el día de su nacimiento. Sus cinco números de la suerte son: 10, 14, 29, 31 y 44.

Sagitario ascendente Leo

Esta combinación de signos de fuego da como resultado a un ser humano cálido, comunicativo, generoso, con un gran magnetismo personal. Los amores serán más jóvenes que él. Buscará la diversión y la felicidad a toda costa. Grandes posibilidades de herencia y mucha suerte en los juegos: el mus y el póquer. Esta personalidad posee un poder que envuelve con fuerza a quien toma contacto con el personaje. Sus cinco números de la suerte son: 6, 12, 27, 31 y 40.

Sagitario ascendente Virgo

La fuerza espiritual es enormemente poderosa y en ocasiones, como tiende a la perfección, llevará a cabo muchos momentos de sacrificio; ello repercutirá para poder conseguir sus objetivos de forma que se cumplirán en la madurez. Carácter romántico, delicado y cálido. Realizará muchos viajes a países exóticos. Muchas posibilidades para ser un gran literato, alcanzando grandes éxitos. Capacidad para la videncia. Sus cinco números de la suerte son: 6, 9, 18, 26 y 33.

Sagitario ascendente Libra

Con un carácter altruista dotado de valores humanos y sociables muy altos, este signo estará bien dotado para realizar trabajos artísticos excelentes. Buscará en la vida la justicia y la humanidad por encima de todo. Con su ascendente en Libra, en ocasiones, de tanto sopesar las cosas se quedará sin llevar a cabo alguno de sus objetivos; conviene que haga yoga y ejercicios gimnásticos. Sus cinco números de la suerte son: 5, 12, 19, 28 y 36.

Sagitario ascendente Escorpio

Persona visionaria apasionada y con posibilidades para las ciencias ocultas. El sacrificio estará a la orden del día. En la juventud tendrá problemas económicos que irá superando en la madurez. Querrá conseguir un nivel espiritual muy elevado que con la fuerza interior que tiene lo conseguirá con soltura. En el amor necesita experimentarlo todo. Le encantará viajar y conseguir saberlo todo de la vida. Sus cinco números de la suerte son: 6, 12, 24, 31 y 60.

Sagitario ascendente Sagitario

La doble combinación del signo lo convierte en un ser difícilmente domable. Su libertad la desarrollará por encima de todas las cosas. Será conveniente que cuide sus ojos, que son muy delicados a los rayos solares. Viajar será uno de sus muchos placeres. O se casará joven o no lo llevará a cabo nunca. En ocasiones se inclinará a una vida pasiva. Sus cinco números de la suerte son: 5, 11, 19, 26 y 31.

Sagitario ascendente Capricornio

Aunque tendrá en la vida obstáculos que le proporcionará el ascendente, su voluntad será férrea y conseguirá sus objetivos con ese carácter fuerte en relación a vencer los problemas. El sentido de la libertad es desbordante, con necesidad de profundizar en lo más recóndito de esta vida. Es conveniente que cuide sus dientes, oídos, riñones y la circulación de la sangre. Si se dedica a los negocios, es importante que piense positivamente para que venza los obstáculos. Sus cinco números de la suerte son: 3, 6, 9, 13 y 37.

Sagitario ascendente Acuario

Le apasionará el futuro, por lo que será apto para los ordenadores, astrología y los temas relacionados con la aviación. Sentirá necesidad hacia un amor por la libertad. En relación al tema economía, será muy positiva. Le gustará rodearse de muchos amigos a los que agasajará invitándoles a su casa. Se le recomienda que tome mucha fruta para solucionar su mala circulación sanguínea. Sus cinco números de la suerte son: 6, 10, 21, 38 y 41.

Sagitario ascendente Piscis

Tendrá que poner mucho esfuerzo para poder conseguir sus objetivos, por una pereza que tendrá en momentos difíciles. La simpatía, la diplomacia y todo cuanto conlleve un trato directo con el público le será beneficioso, cosa que hará a las mil maravillas. Es bueno que se cuide en las relaciones amorosas, ya que tendrá posibilidad de infecciones sanguíneas y también en las vías respiratorias. Soñará cosas inverosímiles que se cumplirán en la mayoría de los casos. Sus cinco números de la suerte son: 5, 12, 19, 26 y 32.

El profesor Mércury, con su amigo el gran compositor y guitarrista Paco de Lucía.

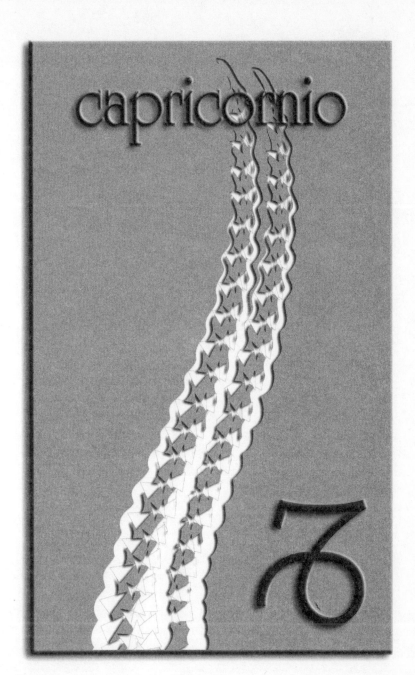

CAPRICORNIO

Del 22 de diciembre al 20 de enero

En el horóscopo chino se corresponde con el Búfalo.
La cabra, la exactitud.

SIGNO: Tierra, negativo, cardinal, femenino.
PLANETA REGENTE: Saturno.
SITUACIÓN EN EL ZODÍACO: Del grado 270 al 300.
DÍA DE LA SEMANA: El sábado.
NÚMEROS DE LA SUERTE: 1 - 3 - 8 - 16 - 25.
HORA: De 19 a 20 (caída de la tarde).
NOTA MUSICAL: La.
COLOR: Negro, amarillo, rojo, blanco.
METAL: Plomo.
FLOR: Claveles, rosas.
PLANTA: Hiedra, mimosa, narciso.
PIEDRA PRECIOSA: Azabache, marcasita, ónix, perla negra.
SU FRASE: ¡No hay que desesperarse por nada!
PAÍSES: Albania, Bulgaria, Bruselas, Grecia, India, Macedonia y el Norte de México, Afganistán, Bosnia, Nueva Zelanda.

Se corresponde con la décima Casa del Zodíaco.

Características generales

Defiende la libertad y los derechos humanos. Con el tiempo se le van solucionando sus problemas. No son egoístas, y sobre el tema dinero son más tacaños con ellos mismos que con las demás personas. Nunca se aburren. En su intimidad, son pesimistas, con una gran voluntad; no permiten que nadie se meta en la intimidad de su vida. Se crecen con los obstáculos, tienen siempre la última palabra en una conversación, dan trabajo a los demás y son buenos dirigentes.

Cualidades

Movimiento, tenacidad, voluntad férrea, ambición, prudencia, responsabilidad, perseverancia, memoria prodigiosa (de elefante).

Defectos

Rigidez en sus principios, pesimismo, rencor, carácter demasiado frío y egoísta.

Defensor

De los animales, la naturaleza, la religión, la justicia.

Compatibilidad

Con Aries encaja bien en el tema trabajo. Con un nativo de Tauro, excelente, teniendo en cuenta que Tauro, Virgo y Capricornio forman lo que llamamos «Trigonogracia». Con el dicharachero Géminis, no es aconsejable para el matrimonio. A un nativo de Cáncer, por estar opuestos, se sentirán muy atraídos y también necesitarán de tiempo y paciencia. Con el rey de la selva, Leo, serán excelentes amigos. Con Virgo, la unión puede ser magnífica; mientras que Virgo lucha por la perfección Capricornio lo hace por la justicia y además este último le apoyará a que exprese sus sentimientos con gran energía. Una unión con Libra no es lo más aconsejable, pero tenemos que tener en cuenta siempre los planetas que acompañen a ambos signos. Al misterioso Escorpio le va bien la unión con un nativo de Capricornio. Con Sagitario pueden tener una relación amorosa. Dos nativos de Capricornio pueden tener una relación muy duradera. El nativo de Acuario, gran amante de la amistad, puede unir su corazón con Capricornio. En último lugar, con un nativo del signo de Piscis la unión no sería muy consistente, pero sí en temas de trabajo.

El niño Capricornio

Es muy inteligente y comprende cuanto se le dice perfectamente, ya que es un niño que estará muy a gusto con las personas mayores. De jóvenes parecen viejos y de viejos jóvenes. Tenemos que tener en cuenta que el planeta Saturno, que es quien rige a este signo, está relacionado con la edad y el tiempo. Su memoria es de elefante y le encanta estar solo. Le gustan los juegos al aire libre y le apasionan los juegos violentos. La música es una de sus ilusiones, sobre todo la que tiene mucho ritmo. Se encuentran muy felices con las personas mayores que ellos, son muy curiosos y quieren saber todo sobre la vida. Son tremendamente ahorrativos, y esta cualidad la mantendrán durante toda la vida. Se llevan mejor con su madre que con su padre. Para los maestros dar clase a un niño nativo de Capricornio es muy agradable por las preguntas tan profundas y el interés que despierta en todos los temas de la vida, es muy paciente.

Capricornios relevantes

Al Capone, Alan Watts, Albert Schweitzer, Annie Lennox, Anthony Hopkins, Antonio Mingote, Ava Gardner, Ben Johnson, Ben Kingsley, Bernard Hinault, Cary Grant, Concha Márquez Piquer, David Bowie, Denzel Washington, Diane Keaton,

Dolly Parton, Domenico Modugno, Don Juan Carlos I, Donna Higttower, Donna Summer, Eduardo Chillida, Elvis Presley, Ernesto Halffter, Faye Dunaway, Francis Bacon, François Poulenc, Giacomo Puccini, Higinio Anglés, Humphey Bogart, Isaac Newton, Janis Joplin, Jesulín de Ubrique, Jim Carrey, John Denver, José Luis Perales, Juan Manuel Serrat, Juan Ramón Jiménez, Kenny Logins, Kevin Costner, Louis Pasteur, Mahoma, Marco Pantani, María de las Mercedes Marianne Faithfull, Marlene Dietrich, Martin Luther King, Mary Tayler Moore, Mel Gibson, Michael Schumacher, Monseñor Escrivá de Balaguer, Muhammad Alí, Nicolas Cage, Pablo Casals, Pat Benatar, Pedro Calderón de la Barca, Pío Baroja, Ricky Martin, Richard Nixon, Richard Widmark, Rod Stewart, Rowan Atkinson, Rubén Darío, Sarah Miles, Sergi Bruguera, Shirley Bassey, Sissy Spacek, Stephen Hawking, Ted Danson, Terenci Moix, Tiger Woods, Val Kilmer, Victoria Principal, Walter Piston, Xavier Cugat.

Capricornio y sus ascendentes

Capricornio ascendente Aries

El impulso de Aries le dará más rapidez en querer conseguir sus objetivos. Se elevará por encima del ambiente en el que nació. Le gustará que su familia y amigos consigan sus objetivos, lo cual le hará feliz. Las cosas las conseguirá con el tiempo. La ambición se le despertará a muy temprana edad. En el tema salud es conveniente que se cuide dientes, oídos y cabello. Una excelente cualidad suya será la paciencia. Sus cinco números de la suerte son: 1, 12, 27, 39 y 45.

Capricornio ascendente Tauro

Al juntarse los dos signos de tierra, la personalidad del individuo es tenaz, con un poder de concentración fuera de lo común. El triunfo lo conseguirá por el carácter que desarrollará con una personalidad que sabrá elevarse por encima de todo obstáculo, o ambiente que le puede ser hostil. En el tema alimentación, es recomendable que se cuide, ya que podría llegar a ser obeso. Sus cinco números de la suerte son: 6, 8, 17, 31 y 50.

Capricornio ascendente Géminis

Un personaje con caracterologías juveniles y con predisposición a destacar en política, literatura, economía y todo cuanto tenga que ver con un contacto directamente con el público. Es muy posible que cree una asociación o algo relacionado con la ayuda y apoyo a la juventud. Recomendable que realice alguna forma de deporte, relajación, y una alimentación sana y fresca; tendrá amigos de las dos vertientes, jóvenes y mayores. Importante que se cuide su cuerpo, de manera especial el hígado y los pulmones. Sus cinco números de la suerte son: 5, 8, 19, 21 y 34.

Capricornio ascendente Cáncer

Los dos signos crearán contrastes que serán muy importantes, sobre todo en la segunda parte de su vida. La influencia de la madre es muy notoria desde los primeros días de su existencia. El carácter infantil se apreciará cuando se encuentre en un ambiente social, en trato directo con la gente. En el terreno profesional, se puede desarrollar fantásticamente en todo lo relacionado con el arte. La intuición puede ser una de sus mayores armas para poder conseguir sus necesidades espirituales. Sus cinco números de la suerte son: 10, 16, 22, 24 y 41.

Capricornio ascendente Leo

El magnetismo personal es muy desarrollado, creando un ambiente, allí donde aparece, de calma, poder y simpatía. La ambición es una de sus características, que le hará conseguir sus objetivos con fuerza. Las actividades de promoción social las llevará a cabo con valentía y orgullo, en ocasiones sacrificando su vida en bien del ser humano. Es recomendable que cuide su espalda y corazón. Por ello es bueno que desde niño practique la natación y el pensamiento positivo. La avaricia puede ser una de sus tendencias. Sus cinco números de la suerte son: 1, 11, 17, 32 y 42.

Capricornio ascendente Virgo

Luchará con un tesón fuera de lo común para conseguir sus objetivos, que, por muy difícil que se lo ponga la vida, él o ella pondrán toda la carne en el asador para desarrollar el poder interior que cada ser humano lleva dentro. En el amor, en ocasiones vivirá sin preocuparse demasiado. Le gustará dar consejos, coleccionar cosas pequeñas. Pasión por la lectura de leyendas, historia y todo cuanto le ayude a superarse humanamente. Buen personaje para ahorrar dinero. Sus cinco números de la suerte son: 2, 8, 16, 27 y 33.

Capricornio ascendente Libra

Posee ambición para todos los terrenos de la vida, autodisciplina y una fuerza cósmica para su desarrollo espiritual, con propensión en ocasiones al aislamiento, el orgullo y la soledad. Muy importante que cuide su inclinación a las depresiones. En el terreno afectivo vivirá de «flor en flor». En la segunda época de su vida irá desarrollando una fuerza interior y sus objetivos los conseguirá con decisión. Sus cinco números de la suerte son: 6, 12, 24, 36 y 47.

Capricornio ascendente Escorpio

Por muy difícil que se le pongan las cosas, luchará con gran ahínco para poder desarrollar una fuerza interior casi diabólica. Es bueno recordar que a Escorpio cuanto más difícil se lo ponen más fuerza interior sale de sí mismo. El trabajo que desarrolle será de una renovación constante. El campo científico lo puede dominar con valentía. El sentido del sacrificio lo tendrá muy desarrollado, mucha energía sexual. Sus cinco números de la suerte son: 1, 7, 26, 39 y 44.

Capricornio ascendente Sagitario

Las cualidades de este signo tierra fuego son extraordinarias. Será un viajero incansable que luchará contra la pereza de Capricornio a viajar. Sagitario convierte a este ser en optimista, religioso y con mucha pasión para desarrollar sus cualidades. Es bueno recordar que para bien de su salud, debe cuidarse el hígado, el bazo, los dientes y oídos. Las preferencias en el arte serán: la música, la poesía y el cine. Sus cinco números de la suerte son: 5, 8, 19, 32 y 46.

Capricornio ascendente Capricornio

El doble signo en tierra le dará un carácter distante y frío, y podrá cambiar si realiza ejercicios respiratorios, estudios de libros de autoayuda y se relaciona con los signos de fuego, Leo y Sagitario. La ambición de este ser es muy grande. Los obstáculos que tenga en su vida le ayudarán a superarse con valentía y decisión, desarrollando un carácter combativo que será envidiado. Economía muy positiva. Sus cinco números de la suerte son: 4, 6, 17, 29 y 33.

Capricornio ascendente Acuario

Su fin es la individualidad, la soledad y llevar a cabo todo lo relacionado con la originalidad. En la segunda parte de su vida es donde mejor saldrá a flote este carácter. La salud es resistente y fuerte, aunque será bueno recordar que sus pulmones serán débiles, se le aconseja no fumar. De la música le gustarán las melodías románticas y con carácter rítmico. Renunciará a muchas cosas de la vida y estará pendiente del tiempo, o mejor dicho del reloj; tendrá la última palabra siempre. Sus cinco números de la suerte son: 6, 9, 18, 26 y 39.

Capricornio ascendente Piscis

Éste es un signo que tiene un espíritu muy sacrificado en todos los aspectos de la vida, tiene una forma de ser que despistará a la gente, escurriéndose con facilidad de los problemas. En el trabajo puede conseguir éxitos en todo lo relacionado con la edición de libros, la publicidad y todo cuanto tenga que ver con las especulaciones. En la vejez puede tener las siguientes enfermedades: artritis, reuma y dolores en pies y manos. Sus cinco números de la suerte son: 4, 12, 32, 35 y 39.

Martin Luther King.

acuario

ACUARIO

Del 21 de enero al 19 de febrero

En el horóscopo chino se corresponde con el Tigre.
El aguador, el altruista.

SIGNO: Aire, positivo, fijo, masculino.
PLANETA REGENTE: Urano y Saturno.
SITUACIÓN EN EL ZODÍACO: Del grado 300 al 330.
DÍA DE LA SEMANA: El sábado.
NÚMEROS DE LA SUERTE: 7 - 14 - 21 - 29 - 37.
HORA: De 2 a 3 (después del alba) o de 23:00 a 24:00 horas.
NOTA MUSICAL: La sostenido.
COLOR: Negro, gris, azul fuerte, rosa fuerte, reflejos cambiantes.
METAL: Uranio, platino, mercurio.
FLOR: Nardo, romero, narciso, violeta, rosa.
PLANTA: Retama, acebo, alama.
PIEDRA PRECIOSA: Zafiro, piedra de labrados, turmalina, esmeralda.
SU FRASE: ¡Sé que procedo de la familia del hombre!
PAÍSES: Chile, Suecia, Toscania, Rusia, desierto de Arabia, Lituania.

Se corresponde con la undécima Casa del Zodíaco.

Características generales

Humanitario, pendiente de que todo el mundo sea feliz, inconformista, que dará la apariencia de ser peor de lo que realmente es, por su inconformismo. Liberal con ánimos de renovación. El planeta Urano le da visión de futuro; Saturno, concreción y obstáculos. Para ellos lo más importante es su familia, la amistad. Es una caja de sorpresas. Apasionado en el amor, cuando pierde a un amigo sufre mucho. Lunático, soñador y con gran capacidad inventiva, un ser excelente lleno de humanismo. Existen dos caracteres: uno introvertido y otro extravertido.

Cualidades

Altruismo, simpatía, sentido de la amistad, afán de humanidad, intelectualidad, voluntad y fraternidad.

Defectos

Independencia, rebeldía, forma de actuar inesperadamente, excentricidad.

Defensor

De la amistad, la humanidad, la libertad, la igualdad y el progreso.

El niño Acuario

Le gusta jugar con los juegos relacionados con la mecánica, es capaz de desmontar un aparato por complicado que sea y de nuevo montarlo. Referente al colegio, será un niño muy inteligente, tanto él como ella, y en más de una ocasión, sobre todo el niño, se olvidará de ir a clase, metido en su mundo de imaginación y fantasía. Es muy creativo este nativo de Acuario y desde muy temprana edad hará preguntas de un alto contenido de inteligencia. La amistad es importante para este niño, desde pequeño se mostrará muy liberal. Su mente es adivina y de un trato difícil. Es muy generoso, jamás guardará dinero en la hucha. En más de una ocasión es muy probable que se le hable y no se entere de nada, debido a su imaginación, que cultiva con gran fuerza. Es uno de los niños más creativos y dará sorpresas sin parar, allí donde se encuentre. Podemos decir valientemente que, tanto si es niño como niña, cada día hará más de una docena de amigos. Así es este nativo de Urano y Saturno.

Compatibilidad

La unión con Aries puede funcionar maravillosamente siempre que el carnero sepa respetar los momentos de aislamiento de Acuario. Con Tauro, tienen una simpatía mutua y congenian muy bien. Con el dinámico Géminis, al ser ambos signos de aire, se pueden llevar maravillosamente, de manera especial si la mujer es Géminis. Con Cáncer, genial en el trabajo y la relación familiar. Con Leo, aunque son signos opuestos, tienen muchísima atracción; mientras que Acuario lucha por la libertad, Leo lo hace por el poder. Con un nativo de Virgo, que está dado a la crítica, una relación matrimonial no sería muy duradera, ya que Acuario cree que hace todo perfectamente; no obstante, se ayudarán en el tema profesional. La unión con un nativo de Libra puede ser buena para el matrimonio. Con Escorpio, unas fuertes relaciones humanas para el futuro. Con Capricornio, puede ser una unión exitosa. De manera especial dos nativos de Acuario se llevan muy bien. Con Piscis, la unión puede ser extraordinaria y derramando más de una lágrima.

Acuarios relevantes

Abraham Lincon, Adolfo Marsillach, Alan Alda, Alice Cooper, Andrés Markc Ampère, Andy Abdoujaparov, Ángel Nieto, Axel Rose, Benjamín Franklin, Benny Hill, Bob Marley, Boris Yeltsin, Burt Reynolds, Carolina de Mónaco, Clark Gable, Corazón Aquino, Cybill Shepherd, Christina Ricci, Estefanía Grimaldi, Farrah Fawcett, Félix Grande, Félix Mendelssohn, Fermín Cacho, Franklin D. Roosevelt, Franz Schubert, Galileo Galilei, Garth Brooks, Geena Davis, Gene Hackman, Gustavo Adolfo Bécquer, Isabel Preysler, Jack Nicklaus, James Dean, Jane Seymour, Jean Simmons, John Belushi, John McEnroe, John Travolta, Jorge Cardoso, Julio Verne, Lewis Carroll, Lola Flores, Luigi Boccherini, Luis del Olmo, Mia Farrow, Michael Jordan, Neil Diamond, Nick Nolte, Nicolás Copérnico, Paul Cezanne, Paul Newman, Peter Gabriel, Phil Collins, Plácido Domingo, Príncipe de Asturias, Rene Barjavel, Rene Russo, Ronald Reagan, Soledad Puértolas, Telly Savalas, Thomas Edison, Tom Selleck, Wolfang Amadeus Mozart, Yoko Ono.

Acuario y sus ascendentes

Acuario ascendente Aries

La necesidad de luchar por todos los medios para conseguir su libertad será muy patente, así como el sentido de independencia. La inventiva junto con un humanismo universal será una de sus características. Desde muy joven viajará al extranjero. La amistad es muy importante para este ser, irá al amor precisamente por este medio. La parte económica la conseguirá con fuerza y dinamismo. Sus cinco números de la suerte son: 5, 8, 16, 21 y 34.

Acuario ascendente Tauro

La energía, que será mucha, se desplazará y concentrará en los temas que tengan relación con el arte. La posesión material será muy importante, una sensualidad muy desarrollada se verá desde temprana edad. La fuerza de voluntad es tan enorme que vencerá todos los obstáculos que le salgan a su paso. En el amor querrá y será exclusivista. Sus cinco números de la suerte son: 6, 8, 17, 23 y 41.

Acuario ascendente Géminis

El anticonformismo será muy grande, pero como es un ser muy humano que se preocupa con decisión por todo el mundo del hombre, se creará cantidad de amigos que estarán dispuestos a ayudarle con tesón en cualquier momento de su vida. La comunicación es muy necesaria y la llevará a cabo dinámicamente. La ciencia y el arte son unas de sus aficiones. Ganará con facilidad el dinero. Sus cinco números de la suerte son: 5, 9, 16, 25 y 30.

Acuario ascendente Cáncer

La imaginación juega un papel muy importante en él, que con una sensibilidad extraordinaria vivirá una vida llena de ilusiones y en ocasiones necesitará volver al pasado. La monotonía puede ser una de las cosas que tendrá que combatir. Persona afectiva y llena de encanto. La salud puede ser débil si no procura sobrellevar su inclinación a la melancolía. ¡Cuidado con el aparato digestivo! Sus cinco números de la suerte son: 3, 6, 16, 28 y 39.

Acuario ascendente Leo

El fuerte magnetismo que desarrollará le servirá para encontrar personas que armonicen con este personaje que destacará sobre los demás con poder y tesón. Es conveniente que se cuide la espalda y los huesos, pues según avance en edad puede tener dolores de artritis. En las profesiones que mejor destacará son las siguientes: consejero, secretario o temas relacionados con el arte, como la música, escultura, etcétera. Viajará mucho, sobre todo por mar y aire. Sus cinco números de la suerte son: 6, 11, 16, 25 y 39.

Acuario ascendente Virgo

Cultivará mucho su inteligencia, con sentimientos de ayuda al ser humano. Buscará así mismo la verdad y el porqué de la vida. Destacará en grandes empresas, desarrollando una labor de liderazgo. Es importante que salve las posibles tendencias a la depresión y dará muchas vueltas a las cosas. Aquí tenemos seguro un amigo, o amiga, dispuesto siempre a ayudar a quien lo necesite. Sus cinco números de la suerte son: 5, 9, 21, 35 y 48.

Acuario ascendente Libra

La humana espontaneidad y el don de la justicia son algunas de sus características más desarrolladas. El ambiente familiar que tenga durante su niñez será algo que marque su carácter en el futuro. Busca el bien material desde muy temprana edad. Le gusta la buena mesa, los placeres de la vida, vestir bien y todo cuanto tenga armonía. Intentará casarse joven con una persona que sepa estar entre la gente con soltura. Sus cinco números de la suerte son: 5, 9, 16, 31 y 40.

Acuario ascendente Escorpio

Un pensamiento libre, con audacia, en ocasiones revolucionario. La decisión en perseguir sus metas con fuerza y valor es una de sus mejores armas. La pasión en todo cuanto emprenda en la vida le llevará a conseguir éxitos muy sonados. El sacrificio en su largo recorrido por la vida es fuerte, con poder demoníaco. En ocasiones tendrá crisis nerviosas que le pueden acarrear molestias cardíacas y reuma. Sus cinco números de la suerte son: 6, 12, 23, 31 y 45.

Acuario ascendente Sagitario

La necesidad de búsqueda de su libertad hace que en ciertas ocasiones esté dispuesto a dar su vida por la libertad. Posibilidad de engordar en la madurez. La parte humana la tiene muy desarrollada, todo cuanto tenga que ver con el humanismo tiene un interés importante en la vida de este individuo. Las ideas serán hacia un universo lleno de amor por la libertad. En él el sentimiento hacia el arte es muy notable, gustará de practicar algún deporte. Sus cinco números de la suerte son: 6, 8, 16, 25 y 32.

Acuario ascendente Capricornio

La persona será muy introvertida, con períodos de soledad. En ciertos momentos renunciará a muchas cosas. El carácter en ocasiones débil será escondido interiormente, nada tendrá que ver el esfuerzo que realice con lo que consiga. Se le recomienda que ordene sus pensamientos de forma positiva. ¡Cuidado con la salud!, que pueden surgir problemas de pulmón y alguna enfermedad crónica. Las ideas serán originales, mucha inteligencia. Sus cinco números de la suerte son: 4, 7, 16, 29 y 34.

Acuario ascendente Acuario

El doble signo le hace en ocasiones tan original que rompe con todos los moldes establecidos. El cambio que quiere realizar en la vida es tan fuerte que chocará con todo lo establecido. Querrá buscar el liberalismo por encima de todo. Da muchas vueltas a las cosas antes de llevarlas a cabo. Buena presencia corporal, con la espalda ancha. Facilidad para la astrología, la astronomía y la música. Conseguirá muchos amigos. Sus cinco números de la suerte son: 6, 7, 12, 23 y 30.

Acuario ascendente Piscis

Muchos viajes por mar, pues para esta persona son muy importantes los líquidos. Es muy posible que tenga frigidez y tendencia a una salud débil, sobre todo en vías respiratorias cardiovasculares. Huye de responsabilidades, pero en algunas ocasiones las adquiere, por ello tendrá muchas contradicciones. Nada que tenga que ver con el egoísmo personal estará presente en este signo. Sus cinco números de la suerte son: 3, 6, 17, 32 y 46.

Abraham Lincon.

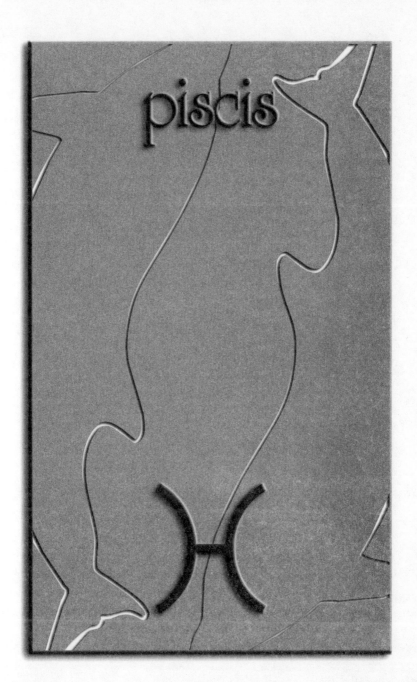

PISCIS

Del 20 de febrero al 20 de marzo

En el horóscopo chino se corresponde con el Gato.
Los peces, el diplomático.

SIGNO: Agua, negativo, mutable, femenino.
PLANETA REGENTE: Neptuno y Júpiter.
SITUACIÓN EN EL ZODÍACO: Del grado 330 al 360.
DÍA DE LA SEMANA: El jueves.
NÚMEROS DE LA SUERTE: 2 - 6 - 7 - 11 - 19.
HORA: De 4 a 5 (cuando comienza la noche).
NOTA MUSICAL: Si.
COLOR: Amarillo, turquesa, junquillo, azul, malva, verde.
METAL: Oro, cobre, aleación, piedra de la luna.
FLOR: Nardo, rosas rojas, violetas, lirio.
PLANTA: Tomillo, helecho.
PIEDRA PRECIOSA: Coral, aguamarina, zafiro, amatista.
SU FRASE: ¡Quisiera conseguir volver a otro tiempo!
PAÍSES: Caledonia, Nubia, Sahara, Portugal, islas del Caribe y del Pacífico, Galicia, Grecia, Normandía.

Se corresponde con la duodécima Casa del Zodíaco.

Características generales

Es de doble personalidad, contradictorio, indeciso, quizá uno de los más indecisos del Zodíaco; se impresiona con facilidad, le gusta visitar a videntes, astrólogos o futurólogos, para que le echen las cartas y le pronostiquen su futuro. Tiene una intuición desmedida, se preocupa por los problemas mundiales. El deporte le gusta muy poco, quiere que los demás trabajen para él. Podría conseguir más de lo que consigue, sacando al exterior la extraordinaria fuerza premonitoria.

Cualidades

Sensibilidad, soñador de grandes especies, visión grande, preocupación por los demás. Visión de dos mundos, el de aquí y el más allá. Artista por naturaleza. Fiel.

Defectos

Indecisión, gusto por la bebida y los estimulantes, excesiva sensibilidad, disimulación, pereza y falta de estoicismo.

Defensor

De los débiles, los animales y los niños. Preocupación por el medio ambiente.

Compatibilidad

Con Aries, de pronto se acogen bien, aunque después tengan disputas. Con Tauro, la unión puede ser excelente. Con un nativo de Géminis, el desacuerdo es completo. La unión con Cáncer es una maravilla. Con el nativo de Leo, bastante bien, pues ambos son los más histriónicos del Zodíaco (teatreros). Con Virgo, por ser ambos opuestos, encajan bien llegando incluso al altar. Con un nativo de Libra, ambos se aburrirán. Con Escorpio, puede ser excelente la unión si este último no se muestra celoso. Con Sagitario se amarán si ambos tienen ascendentes que se complementen. La unión con un Capricornio es seguro que necesitará de mucha paciencia. Con Acuario, la relación es muy positiva, en principio como amistad y después en otros terrenos. Ya por último con su mismo signo, en ciertos casos existe mucha afinidad.

El niño Piscis

Piscis es un niño mágico, todo cuanto tenga que ver con un horario fijo, o algo rutinario, le molestará mucho. En muchas ocasiones le gusta estar solo. Donde mejor encaja este niño es en los temas relacionados con el arte: la pintura, música, danza, poesía, etcétera. Por ello es conveniente estimular esa capacidad que tiene para el arte. Duerme por el día y está despierto por la noche; cuando quiera algo llorará, es muy imaginativo y cariñoso. Es muy importante tratarlo con mucha comprensión. Tiene una excelente memoria, y con una gran simpatía conquista a la gente. Le encanta jugar con gente mayor que él y, como tiene mucha sabiduría desde la infancia, encuentra respuestas para todo. Este ser neptuniano desde su niñez juega e imagina cosas sensacionales, se suele decir que se encuentra en la Luna, debido a la gran imaginación que tiene. El niño pececito sueña con todo cuanto tenga relación con los sueños propiamente dichos, de ahí que le encante que le cuenten historias, cuentos y, sobre todo, relatos inverosímiles. A la niña pez le apasionan las cosas relacionadas con las hadas, brujas, reyes, etcétera. Tenemos en potencia a uno de los signos astrológicos con más posibilidades para ser genios. Así que a los padres de este ser tan maravilloso, les animo a que penetren en su imaginación artística para bien de la humanidad, y del propio niño.

Piscis relevantes

Agustín Castellón «Sabicas», Akira Kurosawa, Albert Einstein, Alberto Cortez, Alex Crivillé, Alfredo Landa, Ali Fawziah, Andrés Segovia, Bengt Lindau, Bernardo Bertolucci, Billy Cristal, Bruce Willis, Buffalo Bill, Cindy Crawford, Charles Lindbergh, Chuck Norris, Drew Barrymore, Elizabeth Taylor, Enrico Caruso, Enzo Ferrari, Felipe González, Francisco Ayala, Friedrich Händel, Gabriel García Márquez, George Harrison, George Wahington, Gioacchino Rossini, Glenn Close, Hans Küng, Imanol Uribe, Jaime Chávarri, James Taylor, Jerry Lewis, Joanne Woodward, Joaquín Sorolla, Johann Strauss (padre), Jon Bon Jovi, José María Aznar, José María Forqué, Kurt Cobain, Kurt Russell, Lee Marvin, Liza Minnelli, Lorin Maazel, Luis Buñuel, Luis Goytisolo, María Montes, Martín Fiz, Maurice Ravel, Michael Bolton, Michael Caine, Michel Angelo Buonarroti, Miguel Gila, Mijail Gorbachov, Nat King Cole, Neil Sedaka, Nicolái Rimsky-Korsakov, Paco Rabal, Pascal Ricard, Pierre Auguste Renoir, Rosalía de Castro, Sabino Fernández Campo, Sara Montiel, Sharon Stone, Sidney Poitier, Teresa Berganza, William Hurt.

Piscis y sus ascendentes

Piscis ascendente Aries

Carácter con un fuerte enigma, Aries le aporta cierta fuerza para organizar su vida de forma positiva. La fuerza humanitaria le llevará hacia la ayuda al ser humano, en especial a las persona débiles, adquiriendo niveles de sacrificio muy grandes. La tendencia a adquirir gordura en la vejez es muy grande. La salud es débil si no se cuida. pudiendo tener dolores de cabeza y secuelas en el corazón. Sus cinco números de la suerte son: 2, 9, 16, 32 y 35.

Piscis ascendente Tauro

Personalidad bastante imprecisa, que a veces se escurrirá en un ambiente que él mismo se crea con una imaginación fuerte, en ocasiones fuera de la realidad. Buen personaje para el comercio, el arte y las especulaciones. En el arte puede encontrar su fuente de ingresos. La tendencia a depender de los demás es muy grande. Le gustará la buena mesa y coleccionar cosas que irá guardando con recelo en su hogar. Secretos desde la niñez y mucha influencia en todo cuanto lea y vea. Sus cinco números de la suerte son: 4, 7, 21, 33 y 41.

Piscis ascendente Géminis

Conviene que cuide su carácter indeciso e inestable, que en ocasiones es velado y utópico; como le gustará mucho cambiar de ambiente, no se le aconseja el matrimonio, a no ser con una persona que también se desplace como él, o ella, de lugar. Buena combinación de signos para el arte y la literatura. Las funciones digestivas serán débiles con posibles problemas en los pulmones. Espiritualidad universal. Sus cinco números de la suerte son: 3, 12, 19, 26 y 36.

Piscis ascendente Cáncer

El carácter juvenil lo mantendrá durante toda la vida, tendrá miedo a quedarse sin dinero. La fuerte influencia del ambiente que le rodee es lo que marcará su personalidad. Mucha influencia de la madre y persona que estará constantemente viviendo hechos y cosas de su vida pasada. Le encantará hablar de la reencarnación, e incluso practicar en ello. Para el arte muchas cualidades, con mucha creatividad. Sus cinco números de la suerte son: 1, 12, 21, 30 y 39.

Piscis ascendente Leo

Posee un carácter misterioso que Leo de pronto le quiere cambiar. Grandes dotes histriónicas que se hará notar en todo cuanto lleve a cabo. Le gustará ser el centro de atención y lo conseguirá por la fuerte intuición que tendrá a lo largo de su vida. Sacrificios muy desarrollados para poder conseguir sus objetivos. Será un aventurero en el amor. Las posibles enfermedades son: gastritis y molestias hepáticas, así como colitis. Sus cinco números de la suerte son: 5, 8, 16, 27 y 31.

Piscis ascendente Virgo

El sentimiento humanitario y de sociedad es muy elevado. Persona servicial que quiere a toda costa hacer las cosas a la perfección. En todo cuanto tenga que ver socialmente destacará por su carácter simpático y humano. A veces tendrá momentos de melancolía. El movimiento es recomendable. Intelectualmente sentirá deseos de conocerlo todo y de vivir muchas experiencias. Para el matrimonio, mucho romanticismo. Sus cinco números de la suerte son: 4, 11, 19, 26 y 29.

Piscis ascendente Libra

El carácter sensible de esta persona le convierte en un ser dotado de excelente predisposición hacia el arte, las relaciones humanas y todo cuanto se relacione con el contacto directo con las personas. El carácter no obstante es muy vulnerable. La fascinación de su carácter atraerá a personas relacionadas con el arte. ¡Cuidado con las drogas y el alcohol! Suerte en los juegos de azar. Sus cinco números de la suerte son: 3, 9, 17, 26 y 33.

Piscis ascendente Escorpio

Persona inquieta, compleja y dotada de un carácter misterioso, con unas pasiones desbordantes. En ocasiones mucha actividad y otras veces tendencia a la contemplación y pasividad. Le encantan los animales. Profundizar en el mundo de lo esotérico le será beneficioso para poder descubrir los secretos de la vida. Los excesos en el sexo y los estupefacientes le pueden acarrear problemas psicológicos. Se le recomienda que busque el camino idóneo para conseguir su realización personal. Sus cinco números de la suerte son: 5, 12, 19, 26 y 35.

Piscis ascendente Sagitario

A este personaje con un carácter jovial, dinámico y optimista, le apasionarán los viajes de manera especial al extranjero. Su forma de ser es muy buena para realizar los siguientes trabajos: viajante, escultor y de forma especial domador de caballos. Es conveniente que se cuide las vías respiratorias y el hígado. En el amor muchas aventuras. El dinero le llegará a las manos como por arte de magia. Sus cinco números de la suerte son: 6, 16, 21, 32 y 44.

Piscis ascendente Capricornio

Necesidad de sobresalir por encima de su ambiente de nacimiento. Irá consiguiendo sus objetivos lentamente y a base de sacrificio, pero él considerará que debe luchar por ello. Puede realizar trabajos relacionados con el turismo, la justicia y la exactitud. Una vida íntima que guardará con mucha fuerza. En la parte afectiva, intentará unirse a una persona del signo de Cáncer, Escorpio o Virgo. Para la política tendrá mucha facilidad. Sus cinco números de la suerte son: 4, 11, 22, 31 y 40.

Piscis ascendente Acuario

Una combinación excelente para llevar a cabo actos de humanismo sensacionales. Este ser llevará siempre un lema: buscar el porqué de las cosas. La amistad la considerará sagrada. Un carácter ideal con cierto romanticismo. Para lo que mejor estará dotado en lo profesional es para lo siguiente: médico, religioso, compositor e investigador. En la salud es conveniente que cuide su circulación sanguínea y la alimentación, que debe ser rica en frutas y verduras. Sus cinco números de la suerte son: 8, 19, 26, 31 y 49.

Piscis ascendente Piscis

El doble signo de Piscis convierte a este personaje en un ser con poderes curativos. Psicología despierta y mediúmnica que en ocasiones puede sorprender a las personas menos creyentes, volverá con fuerza a sus vidas pasadas. En el ambiente familiar querrá conseguir mucho cariño. Persona dulce, emotiva, sentimental y muy romántica. En el trabajo que desempeñe intentará ser el centro de atención. Economía fluctuante con períodos de abundancia y otros de escasez. Sus cinco números de la suerte son: 6, 19, 26, 32 y 48.

Albert Einstein.

SIGNIFICADO DE LAS DOCE CASAS

PRIMERA CASA (*El mundo de la personalidad*).

El carácter, el yo, la vestimenta, la cara, el cuerpo y modales, actitud, una de las casas de la salud o posibles enfermedades, se relaciona con el signo de Aries (que es el principio de todo).

SEGUNDA CASA (*El mundo de los apegos*).

Está relacionada con el dinero. Cómo vivimos el mundo de la economía, los bienes materiales, las cosas, el apego que tenemos a las personas o cosas. Se relaciona con el signo de Tauro.

TERCERA CASA (*El mundo de la mente*).

La mente concreta los escritos, la relación con los viajes cortos, los tíos, primos hermanos, los medios de comunicación. Se relaciona con el signo de Géminis.

CUARTA CASA (*El mundo del hogar*).

Llamada también Fondo del Cielo; la relación con el país de origen, la casa de la madre, el hogar, la casa. Cómo es nuestro comportamiento en nuestro hogar, los bienes inmuebles, país de origen y ciudad. Se corresponde con el signo de Cáncer (que es uno de los más caseros).

QUINTA CASA (*El mundo del placer*).

Los hijos legítimos e ilegítimos, la creatividad, los juegos, la suerte, el ocio, el amor, cómo vivimos la parte afectiva, el deporte, la aventura en la que exista riesgo. Se corresponde con el signo de Leo.

Sexta casa (*El mundo del trabajo*).

La casa del trabajo obligatorio, los empleados, los subalternos, manera en que vivimos el mundo de la acción social. Las posibles enfermedades que podemos tener, la carrera que escogemos para trabajar. Es la opuesta a la casa doce. Se relaciona con el signo de Virgo, que es el más trabajador de los doce signos.

Séptima casa (*El mundo de la pareja*).

La casa del matrimonio, de las asociaciones, las relaciones con otras personas, enemigos directos o abiertos a amistades íntimas, «la felicidad se vive mejor compartida». Es la opuesta a la Primera Casa. Se relaciona con el signo de Libra.

Octava casa (*El mundo de la transformación*).

La renovación, la casa de las herencias de personas desaparecidas, el dinero que nos viene de otras personas, la casa de la muerte. La relacionada con el erotismo, actividades ocultas, negocios de la pareja. Es la opuesta a la Segunda Casa. Se corresponde con el signo de Escorpio.

Novena casa (*El mundo de la mente superior*).

Viajes y relación con el extranjero, viajes largos, mente superior, líos, estudios superiores, la astrología, las ciencias ocultas, las personas de culturas diferentes, excelente teatro de la vida, los cambios, la adivinación, la sabiduría. Es la opuesta a la Tercera Casa. Se relaciona con el signo de Sagitario.

Décima casa (*El mundo de la vida pública*).

Llamada también Medio Cielo; el destino de la persona, lo que queremos conseguir de la vida, la casa del padre, la condición social, las personas de autoridad, las ambiciones, la vida mundana. Es la opuesta a la Cuarta Casa. Se relaciona con el signo de Capricornio.

Undécima casa (*El mundo del espíritu comunitario*).

La casa de la apertura, de los amigos, de nuestra relación con ellos. Cuál es la manera en que vivimos la amistad, las organizaciones, clubs y qué clase de personas escogemos para ello. Es la opuesta a la Quinta Casa. Se relaciona con el signo de Acuario.

DUODÉCIMA CASA (*El mundo del aislamiento*).

Esta última casa está relacionada con los enemigos ocultos, enfermedades ocultas, hospitales, intuición y premonición, las tendencias místicas, el pasado, bienes y males provenientes de las mujeres; también es la casa que puede dar lugar a la violencia. Es la opuesta a la Sexta Casa. Se relaciona con el signo enigmático de Piscis.

ASPECTOS ASTROLÓGICOS

(Su interpretación: «Mayores» y «Menores»)
Los cuatro primeros aspectos, incluyendo también el sextil, los clasificamos como «Mayores» y los restantes como «Menores».

Símbolo	Nombre del aspecto	Longitud del Arco	Número
o	Conjunción	360° 0'0	1
o o	Oposición	180°	2
▲	Trígono	120°	3
❑	Cuadratura	90°	4
Q	Quintil	72°	5
*	Sextil	60°	6

Significado de los aspectos

PRIMERO = La Conjunción = 0 grados
Se le relaciona en este aspecto con la Unidad; es decir, nos indica que las energías que implica están unidas así mismo con el paso del tiempo; esta Unidad más profunda se irá manifestando en dicho individuo. Por ello llamamos a la Conjunción como el aspecto más fundamental, muy fértil y en su potencia el más creativo de todos ellos. Todas las Conjunciones nos representarán comienzos nuevos. Tenderán a la acción, la iniciativa

personal, y a compenetrarse personalmente. Los planetas que hagan conjunción con el Sol y la Luna nos marcarán fuertemente su potencia, durante toda nuestra vida.

SEGUNDO = La Oposición = 180 grados

La relación de este aspecto la vemos en la objetividad y polaridad. Hablando más claramente, existirá una forma de actuar opuestamente; si se usa la fuerza de voluntad, se pueden hacer complementarios. Para entendernos mejor, diremos que es como el Yan-Yin, Masculino-Femenino, Arriba-Abajo, Subjetivo-Objetivo. Esta energía unas veces tirará con fuerza hacia un lado u otro. En muchas ocasiones esta oposición al representar la polaridad se manifestará con cambios extremistas en la persona, Si alguna vez es descontrolada, pueden surgir extremismos, confrontaciones, el «tira» y «afloja».

La solución puede ser encontrar el «Camino idóneo o intermedio», entre los citados extremos. Así pues puede ser en principio una oposición; por ejemplo: una persona que tenga el Sol y la Luna en oposición, en ocasiones, sacará el carácter de uno o de otro planeta.

TERCERO = El Trígono = 120 grados

La conexión de este aspecto planetario está relacionada con elementos de nuestra propia vida, la fuerza y vitalidad, unidas al goce de la vida. En esta división del número tres vemos claramente que se realiza el ejemplo de la Trinidad en infinitos niveles: Madre-Padre-Hijo. Al tres se le considera como uno de los primeros números positivos. Se motiva con la idea del «corazón», así como de las otras cosas que nos estimulan y entusiasman, las cuales nos gustan por el placer, la alegría o el goce que nos aportan. Si los usamos descontroladamente, estos trígonos conducen a complacernos, a ser indulgentes con nosotros mismos, a llevar a cabo el mínimo esfuerzo y de esta manera buscar la forma más sencilla. Por medio del número tres, su fuerza proveniente del dos se hace presente; es conveniente que la persona inyecte en su vida grandes dosis de entusiasmo, para conseguir sus objetivos.

CUARTO = La Cuadratura = 90 grados

Este aspecto se desarrolla en ocasiones proporcionando momentos difíciles, pero por otro lado da mucha fuerza para que la persona pueda desarrollar sus ambiciones, aunque sea con obstáculos; a esta cuadratura se la denomina en ocasiones de carácter saturniano. Es decir, crea obstáculos, pero da mucha tenacidad; como ya sabemos, el número cuatro puede ser el suelo, el techo y los lados de un edificio; las cuatro estaciones; los cuatro elementos: fuego, tierra, aire y agua; los cuatro puntos cardinales: norte, sur, este y oeste. Así mismo las cuatro virtudes cardinales: justicia, templanza, fortaleza y prudencia. Las fuerzas que originan este aspecto, más las fuerzas externas e internas a las cuales hay que controlar. Estas formas débiles las podemos cambiar a fuerzas fuertes y mayores, mediante el estímulo y el esfuerzo constante. Si no controlamos las posibles cuadraturas, nos producirán diferentes maneras de bloqueos; existen personas con muchas cuadraturas que llegan muy alto en esta vida.

QUINTO = El Sextil = 60 grados

Si tuviésemos que buscar una palabra clave para este aspecto encajaría bien la de «oportunidad». Está de alguna manera relacionado con el trígono. Al número seis se le relaciona con el movimiento rítmico de la creación, al igual que con el pulso vital; 2 x 3 es igual a seis, se expresa objetivamente en el –2–, relacionado con el disfrute de la vida –3–. Ello nos puede dar una idea, por ejemplo, en un panal de abejas obreras, que crea por sistema su panel en hexágono. Puede dar la tendencia que siente una persona hacia una cierta actividad, «las cualidades», según tenga la combinación de planetas en un corte neutral.

Si no se llega a conseguir el central del sextil, se llevará una vida muy monótona. Por esta razón puede convertirse la persona en alguien muy pendiente del trabajo (como la casa seis que representa a Virgo).

LOS TRÁNSITOS

Denominamos con ese nombre a los movimientos que llevan a cabo los planetas en el firmamento, respecto a un determinado momento. Los tránsitos más potentes son los planetas lentos y de forma especial los correspondientes a Júpiter y Saturno. Estos influyen a una Carta Astral u horóscopo con gran fuerza y poder; los planetas rápidos son: el Sol, la Luna, Mercurio, Venus y Marte, los demás son lentos por naturaleza. Podemos decir que la astrología se puede colocar en dos partes muy diferentes entre sí: la primera, que estudia el cálculo y la interpretación de la Carta Natal o Carta Astral sin estudiar las predicciones ni los ciclos, lo que llamaremos Astrología Estática, así como una segunda parte, que, por ser por medio de datos relativos a la astronomía, al igual que de interpretación de la Carta Astral del individuo, estudia y puede calcular e interpretar los ritmos, ciclos y otros acontecimientos que pueden suceder a partir de su día de nacimiento; a ésta la llamamos Astrología Dinámica o Cinética, formada por las diversas formas de predicción astrológica como son: Progresiones Secundarias así como Primarias, Revoluciones Solares, Lunares y, por último, lo que nos ocupa ahora, es decir los tránsitos.

Los planetas lentos, como están más tiempo en los puntos diferentes de una Carta Astral o del Zodíaco, influirán mucho más que los planetas rápidos. Los acontecimientos que pueden marcar los planetas denominados lentos son de una enorme importancia para crear acontecimientos que en un futuro tendrán gran relevancia para la persona en cuestión. Esto lo veremos mejor en lo que escribiremos en seguida, para dejar claro la trascendencia que tienen las edades en astrología. Aunque a veces se dice que «las mujeres no cumplen años», lo cierto es que sí los cumplen y la influencia que van ejerciendo los planetas en las diferentes edades de las personas las iremos viendo inmediatamente.

Por este motivo los planetas lentos se asemejan a una persona que ejerce constantemente una función de crítica. Si el planeta Neptuno, por ejemplo, hace su tránsito por el signo de Virgo en cualquier fecha del año, y el citado tránsito dura algunos meses, y por ejemplo en unos días determinados, el Sol, Mercurio y Venus igualmente hacen su tránsito por los mismos grados, la actividad y la influencia que produce en su tránsito Saturno es mucho mayor, pues los citados planetas dan mayor fuerza a la influencia.

Tránsitos o ciclos planetarios

Esto se lleva a cabo en todas las personas en edades determinadas y consiste en los diferentes aspectos que llevarán a cabo los planetas lentos, de forma especial a la posición de una Carta Natal. Saturno lleva su ciclo y hace la cuadratura primero a los siete años, volviendo a la misma posición natal de los 28 a los 30 años. Podríamos hablar igualmente de los ciclos de los siguientes planetas: Júpiter, Neptuno, Urano y Plutón, de forma especial las edades llamadas críticas; ellos han sido estudiados por las diferentes civilizaciones, y de manera especial por la psicología. Pues los planetas en estos ciclos expresan con bastante claridad los desarrollos psicológicos así como biológicos y psíquicos del desarrollo humano.

Tránsitos de carácter individual

Estos tránsitos son los referidos exactamente a un individuo, es decir, a cada persona; estos tránsitos que se realizan entre los planetas se irán sucediendo sobre los aspectos dispositivos de forma particular en cada Carta Astral.

En primer término comenzaremos por los movimientos de los planetas, o los tránsitos que no son comunes a cada persona como individuo, sobre unas edades con carácter y forma aproximados.

LOS CICLOS PLANETARIOS Y SUS EDADES

Llegará un día en el cual los científicos verán con claridad y con júbilo los cuerpos llamados celestes, con sus unidades planetarias en relación al cosmos. Entonces la ciencia dará un paso positivo, de esta manera las astrólogos y la ciencia se unirán para poder crecer y desarrollar la fuerza interior de cada ser humano. ¡Ojalá así sea!

Hay unas edades que podemos considerar de gran importancia en las diversas culturas y que ya se estudian en la psicología actual. Estas se corresponden con los procesos en movimiento de los ciclos de los planetas. Aquí estudiaremos el ritmo y movimiento de los llamados planetas lentos, ya que ellos son los que nos interesan saber.

Cada uno de los planetas desarrolla un ciclo que denominamos vuelta o retorno del citado planeta a la propia posición natal del mismo. Según su trayectoria, este planeta tarda menos o más tiempo en volver al punto de donde partió.

Por ejemplo, Júpiter tiene un ciclo que es de doce años, justo lo que tarde en recorrer la vuelta al Zodíaco. Por otra parte el planeta Saturno invierte alrededor de treinta años, Urano lo hace en ochenta y cuatro, Neptuno en ciento sesenta y cinco, y Plutón en aproximadamente doscientos cuarenta y ocho años; como ya sabemos la Luna lo hace cada mes y el Sol retorna cada año, más o menos, a su propia posición natal; esto da lugar al nombre técnico de revolución lunar y revolución solar.

Por el motivo de las velocidades de los ciclos planetarios, de manera especial los que son de movimiento lento, es difícil que en el trayecto de la vida de una persona regresen a la posición que llamamos natal e igualmente retorno planetario. Ahora consideramos estos ciclos alrededor de la Eclíptica y según los aspectos diferentes que cada planeta hace en la propia situación natal. El primero que estudiamos es el que hace cuadratura, es decir éste es el más fuerte y primordial; después aparecerá la oposición primera, en tercer lugar una segunda cuadratura y ya la vuelta a la posición natal misma, o a su retorno planetario. Esto es muy importante tenerlo en cuenta para poder saber los posibles acontecimientos y cambios psicológicos que podemos tener las personas en el trayecto de nuestras vidas.

La edad de los siete años: la primera cuadratura del planeta Saturno

A la edad de los siete años, más o menos, Saturno aparece haciendo la primera cuadratura en su propia posición natal. El planeta Saturno es el símbolo de todos los obstáculos, de todo cuanto procede inhibir, así como los choques con la realidad. Saturno simboliza lo contrario al placer, la forma de cómo adquirimos las cosas más elementales y saber mantener los límites y poder defendernos. Observamos que la época que se aproxima a los siete años es lo que denominamos «la edad hacia una tendencia psicológica». Este período tiene un carácter en el cual la energía de la persona o, dicho de otra forma, la libido, se lleva a cabo de forma introspectiva en la parte psicológica.

Podemos decir que en esta edad, en las culturas antiguas, a los niños se les separaba de las niñas, y eran educados por separado por personas de su mismo sexo. Si vemos a un niño o niña de la edad que hablamos, podemos observar que la vergüenza a que los vean desnudos es muy grande, se observa un gran pudor que vemos fácilmente en los colegios, escuelas y lugares públicos, donde los niños toman contacto con otras personas.

En esta época, notamos que el niño comienza a renovar sus dientes, e igualmente surgen problemas relacionados con el calcio (será bueno recordar que nuestro sistema óseo de manera general así como el del calcio, los rige el planeta Saturno). También en el niño se va notando cómo adquiere un carácter responsable. Dependiendo donde tenga la persona en cuestión a Saturno, así será la dificultad del niño. Más adelante podemos ver el gran efecto que tendrá, la primera oposición del ciclo planetario del planeta de los anillos, Saturno (no hay que pasar por alto que, aunque Saturno dé obstáculos, también nos da concreción y mucha voluntad).

CONSEJOS

Comuníquese con sus padres y también con sus hermanos, piense que su mundo es muy joven y las personas mayores que usted pueden ayudarle a comprender más los misterios de la vida.

En ciertas ocasiones es posible que piense que es una persona incomprendida; si va comunicando sus sentimientos con naturalidad, poco a poco verá cómo aumenta su seguridad e irá comprendiendo más fácilmente los secretos de este mundo, que a pesar de las dificultades y de los obstáculos es un lugar maravilloso. Se dará cuenta que sus problemas tienen solución, sobre todo si los comparte.

La edad de los doce años: el planeta Júpiter hace su primer retorno

La trayectoria inhibidora y retroactiva que ha sufrido un niño aproximadamente a la edad de siete años por fin finaliza entre los once y doce años, más o menos, justamente en el primer retorno del planeta Júpiter a la posición natal. En este período la sintonía es diferente a los acontecimientos anteriores que fue dominada o regida por el planeta Saturno. Como ya veremos, las características del planeta que va a regir esta etapa son las siguientes: el planeta Júpiter es llamado el de la expansión, la grandeza, una forma de buscar el placer, el viajar, etcétera. En este período el niño va realizando su apertura sexual, así como un desarrollo algo excesivo. Aquí el niño tiene la experiencia de momentos de afectividad y se le va despertando la libido, que es un proceso de apertura hacia la libertad, y su forma de reacción es de un estado no pecaminoso, al contrario es un estado expansivo, queriendo vivir y sentir su libertad. Todo este período tendrá un efecto diferente, dependiendo del medio social y cultural que tenga a su alrededor.

Algo importante: Podemos ver en este período la aparición de la eyaculación en los chicos y la menstruación en las chicas, desarrollándoseles los pechos de manera muy considerable.

Como vemos, las sensaciones y acontecimientos de la edad de los doce años en nada se parece a la etapa anterior. Tenemos que tener en cuenta dónde nace la persona y en qué lugar habita. Como ya sabemos, por ejemplo: una persona que nace en el sur tendrá su desarrollo mucho antes que otra que nazca en el norte; esto es debido, como todos sabéis, debido al calor del Sur y el frío del Norte. Es bueno que hagamos constancia de que en el período de los doce años dará la vuelta en su ciclo el planeta Júpiter, pero siempre teniendo en cuenta todos los aspectos que se produzcan en ese momento.

CONSEJOS

Es bueno, cuando se ha llegado a esta edad, el practicar algún tipo de deporte: natación, fútbol, ciclismo, gimnasia y caminar al aire libre. También aconsejo que se comience a llevar un diario de las cosas que se quieran llevar a cabo, igualmente cuidarse la garganta, mejor dicho la voz, sobre todo el niño, ya que se efectúa un cambio muy fuerte en la voz en este período, por lo que conviene no gritar mucho al hablar.

La edad de los catorce años: una primera oposición del planeta Saturno y el sextil del planeta Urano

En este período de la edad de catorce años el aspecto más importante es esa primera oposición del planeta Saturno a la posición natal; ello acarrea una serie de problemas de orden psicológico. De nuevo se suceden temas relacionados con lo físico, un desequilibrio en la mala asimilación del calcio, de forma parecida a la etapa primera de Saturno. En este período, podemos decir que es muy vulnerable con conflictos consigo mismo, de manera especial con un sentimiento nada cómodo con su cuerpo en el orden físico. Hay que tener en cuenta que la edad se prolonga de manera progresiva de la edad comprendida entre los trece a los veinte años. Dependiendo como antes decíamos de la cuadratura de Saturno, ello tendrá una influencia diferente; si se lleva a cabo en una civilización primitiva, por ejemplo, allí será mucho más corta.

Consejos

Esta época es fantástica para que la persona se vaya concienciando de la importancia que tiene el organizarse la vida, el tener responsabilidades, leer libros que se enfoquen hacia el «pensamiento positivo», para que la persona, cuando vaya viviendo experiencias en el trayecto de su vida, pueda pasar del pensamiento negativo al pensamiento positivo con fuerza y poder. El sextil de Urano le dará también un carácter de libertad, humanismo, y sobre todo un gran sentido de amistad, que se irá aumentando durante toda la existencia.

La edad de los veintiún años; época de madurez: la cuadratura de Saturno y la primera cuadratura de Urano

Como final de la época de la adolescencia y llegando a la juventud, hallamos de nuevo unas fechas de obstáculos saturnianos; ello es debido a la cuadratura última del planeta

Saturno, antes de volver a su posición natal. Hay que tener en cuenta que en esta ocasión irá con la compañía de la primera cuadratura del planeta Urano a su posición natal, precisamente esto es lo que veremos como característica principal entre la edad de los veinte a los veintidós años.

El planeta Urano, que nos ayuda a la libertad, «buscando ésta en el trayecto de esta época», de manera violenta, tiene un gran choque con el saturniano inhibidor, y estas combinaciones de planetas son difíciles en su trayectoria. El planeta Saturno, una vez más, nos representa de forma pasional, todo lo que hay en su entorno y la forma en que tiene que adaptarse de manera real. En este período, vemos de forma fácil, si observamos, posibles desequilibrios psíquicos en la salud, y esto es lo que marca una etapa de crisis muy importante.

CONSEJOS

Debido a las necesidades de amor, comprensión y pensamientos en el más allá, conviene que la persona que está en esta edad se plantee la búsqueda de una pareja que sepa entender y quiera compartir momentos de amor, de comunicación, de amistad y, sobre todo, el tener un compañero/a para poder expresar esta época de sentimientos, que es magnífica para el futuro de esta persona. También será bueno que se encuentre una persona como guía espiritual, y caso de no conseguir la citada persona, que se pueda suplir con la lectura de unos buenos libros.

La edad de los veintitrés a los veinticuatro años: el segundo retorno del planeta Júpiter

En estas fechas, de nuevo aparece en escena, por segunda vez, el retorno del planeta Júpiter a su posición natal. Más adelante, entre los años veinticinco y veintiséis, vendrán los primeros sextiles del planeta Neptuno, así como el primer trígono del planeta Urano y el primer sextil del planeta Plutón; este último planeta tiene variaciones en su movimiento. Estos aspectos de los que estamos hablando nos ayudan de alguna manera a realizar importantes cambios de forma armoniosa y también constructiva, donde se pueden solucionar más cómodamente algunos problemas conflictivos que se han llevado a cabo en las edades anteriores. De esta forma, podemos ir preparando el retorno del planeta Saturno a la propia posición natal, que se llevará a cabo entre los veintiocho y los treinta años.

CONSEJOS

Por estar en esta edad la situación planetaria, para algunas cosas muy positiva, considero necesario advertir a la persona: Primero, que sea valiente, que exprese sus sentimientos con decisión. Segundo, si la persona está estudiando que aproveche esta coyuntura para sacar el mejor partido posible de sus estudios. Tercero, si le gusta viajar que comience con la lectura de un buen libro para escoger el lugar adecuado a tales circunstancias. Mi enhorabuena por este período astrológico, vívalo intensamente y disfrute de las facilidades que le da esta situación.

La edad de los veintiocho a los treinta años: el primer retorno de Saturno

Durante este período de tiempo, el cual es de suma importancia dada las características del planeta Saturno, es importante ver y sentir que todo cuanto realicemos en estas fechas nos va a repercutir de manera considerable en el trayecto de nuestra vida. Podemos observar que en este corto período de años hay personas que se van de casa, se independizan, otras se casan, algunas cambian de trabajo o lugar de residencia.

En ciertos casos, las costumbres o formas de vida que hemos llevado con anterioridad también van a repercutir de una manera especial directa o indirectamente en el transcurso de estos dos años. Lo que sí es cierto, y que se produce, es que la persona que está pasando por ese tránsito se va volviendo más madura, de una manera u otra, sabe lo que quiere y necesita de la vida. Todos los problemas que la persona ha ido de alguna forma acumulando, en este período de tiempo tendrá la inteligencia, valentía y coraje para ir solucionándolos positivamente. También vemos que todas las influencias que el planeta Saturno ha ido dando a quien se encuentra en estos años de su vida influyen de forma positiva en aprender, por ejemplo, la concreción, madurez y seriedad que se asimila de este planeta, «El de los anillos» como se le suele llamar. De todo cuanto hemos realizado en nuestra vida hasta el período que nos atañe, ahora es como si de forma intuitiva cerráramos con una puerta gigante a toda nuestra vida pasada. Es bueno que observemos que, si por casualidad hemos ido acarreando problemas y todavía no los hemos resuelto, es excelente para poner los medios necesarios y resolverlos ahora. Muy importante es igualmente ver qué importancia tiene el planeta Saturno en la carta astral de una persona en concreto. Por esta razón conviene que se estudie en profundidad la fuerza y el poder que este tránsito tiene a nivel personal del individuo en cuestión.

Consejos

Por propia experiencia de esta edad (que fue justo cuando comencé mis estudios de astrología, en Alicante) quiero comunicar que en esta época tan fuerte es conveniente que la persona sepa expresar sus sentimientos con alguien de su confianza. También es bueno que vaya sacando a la luz la libertad que, por derecho propio, cada ser humano ha de vivir y precisamente ésta es la época para sacar a la luz algo tan sensacional y fabuloso como es la libertad. Teniendo en cuenta que el planeta Urano es el de la libertad, ahora es como si nos mandara desnudarnos y el planeta Saturno, que es el de la restricción, nos dijera con voz potente: ¿Qué haces desnudo? Así que aprovechen las experiencias que durante este binario de años van a tener, porque será muy importantes para el trayecto de su existencia.

La edad de los treinta y tres años, llamada edad del Sol

Finaliza en esta edad el tránsito de un ciclo solar, por este motivo de nuevo el Sol vuelve a la posición natal el mismo día y a la misma hora del nacimiento de la persona. Por ejemplo, si queremos levantar la revolución solar de la carta astral para esta «edad del Sol» podemos comprobar que las cúspides de la carta astral de las casas son exactamente igual que las de la citada carta astral o natal: «Claro que, para que todo esto se cumpla, es necesario celebrar el cumpleaños el mismo día y a la misma hora en el lugar donde nació la persona». Estos treinta y tres años marcarán algo parecido al llamado reencuentro consigo mismo; por ello es importante ver todo cuanto hemos hecho, tanto bien como mal, hasta esta edad. Podemos comprobar que en esta época el llamado simbolismo tiene una labor importantísima para la persona (podemos observar, y yo afirmo, que la vida de un ser humano y todo cuanto acontece a su alrededor se basa en los símbolos. Ejemplo: Cuando vamos a la iglesia y nos santiguamos, e incluso cuando lo hacemos en otro lugar, estamos haciendo simbolismo, lo mismo que cuando damos la mano a una persona para saludarla o un beso). Para muchas personas, a este período de su vida le denominan «la edad mística o del renacer», de transformar y mejorar nuestra psicología. Para todo ello, habrá que tener en cuenta ciertos matices de la citada época, que podemos ver y estudiar haciendo la revolución solar para ese año y ver los tránsitos en todo su desarrollo.

CONSEJOS

Si ésta es la edad llamada de Cristo, si Él murió justamente a los treinta y tres años, nosotros a partir de esta edad creo conveniente que desarrollemos nuestra cualidades y realicemos estudios de psicología, autoayuda, astrología, yoga y todo cuanto nos ayude a ser más espirituales, más humanos y más felices. Seguro que si hacemos de un menos un más, nuestra vida caminará por el sendero de la felicidad; sacad a la luz el entusiasmo que la madre tierra y la naturaleza nos expresan día a día.

La edad de los treinta y seis años: el tercer retorno de Júpiter

De nuevo el planeta Júpiter vuelve a la posición natal de esta persona; así se realiza el tercer ciclo y de alguna manera comienza el cuarto. Si queremos que en esta edad nos ocurran cosas extraordinarias, tendremos que poner de nuestra parte mucho empeño y voluntad, porque en apariencia no ocurre nada que sea notorio. Hay que tener en cuenta que todas nuestras decisiones, comportamientos y realizaciones que llevemos a cabo a los treinta y seis años van a tener en años venideros una fuerte influencia para el desarrollo de nuestra vida como seres humanos (la astrología va marcando períodos y acontecimientos, es conveniente que nosotros demos los pasos necesarios para conseguir nuestros objetivos, esto como ya se supone en todas las edades).

CONSEJOS

No espere a que las cosas vengan a usted, haga como decía Mahoma: «Si la montaña no viene a mí, yo iré a la montaña». ¿Cuántas veces nos ha ocurrido que las cosas no estaban bien y con nuestra voluntad hemos cambiado para que fueran buenas? Así que pongamos decisión en todo cuanto realicemos en esta etapa y veremos la cantidad de acontecimientos que suceden en nuestras vidas, creo que merece la pena probarlo; el resultado será satisfactorio.

La edad de los treinta y ocho a los cuarenta y dos años: la llamada edad de la gran crisis

Llevamos unos años hablando mucho de la palabra crisis; la verdad es que aquí en este período de años se cumple esa palabra, que personalmente a mí me gusta poco, pero por propia experiencia diré que aquí suceden cosas que tienen que ver con la crisis.

En esta edad la interioridad de la persona va buscando caminos, respuestas, soluciones a la cantidad de problemas que ha ido acarreando desde la niñez y de manera especial ahora querrá solucionarlos. Hay un refrán que dice: A partir de los cuarenta años no te mojes la barriga.

Astrológicamente, cuando hemos pasado de los cuarenta, al haber ido acumulando muchas experiencias, nos han dado muchos golpes y algunos que nosotros nos hemos regalado; podemos observar que las cosas que anteriormente no hemos podido llevar a cabo, ahora con voluntad y tesón podemos realizarlas. Pero volvamos de nuevo a lo que nos atañe. Aquí tenemos de nuevo el retorno del planeta Urano, la primera cuadratura del planeta Neptuno, una oposición del planeta Saturno y algunos aspectos inarmónicos del llamado cuarto ciclo de Júpiter. En algunas generaciones también existe la primera cuadratura de Plutón, pero, por lo variado del planeta Plutón, podría darse ésta alrededor de los cuarenta o cincuenta años; estamos hablando por supuesto de forma aproximada.

Los planetas Urano y Neptuno ponen fuerza para que se manifieste esta crisis de manera relacionada con el existencialismo. Claro, las muchas experiencias que hemos adquirido anteriormente nos hacen pensar en llevar a cabo objetivos, sistemas de vida diferentes; es como comenzar algo de nuevo. La nostalgia nos llega en esta edad, y será importante comprobar los aspectos astrológicos que la persona tenga en su carta astral o natal. Por ejemplo: Si los planetas Urano y Neptuno se encuentran en una situación angular, sentiremos y podremos prevenir que será una etapa en la cual nuestros sentimientos estarán a la orden del día. Nos puede resultar un poco difícil averiguar cuál será el primero de los dos planetas que cree ese estado crítico, puede depender de si ambos planetas plantean a su vez algún aspecto.

Todo esto es por la fuerza y el impulso que estos dos planetas protagonizan en su caminar. Para algunos esto se podría llamar «La segunda adolescencia». Al haber llegado a esta edad podemos sentir que estamos a mitad de camino de nuestra vida.

Si nuestra vida hasta esta edad ha sido excelente en la alimentación, en el amor, la amistad, etcétera, podemos pasar con más alegría y felicidad estos años, de por sí difíciles. Por el contrario, si hemos realizado excesos con el tabaco, el alcohol, la alimentación, etcétera, surgirán problemas que repercutirán seriamente en nuestra salud.

En ciertas personas esta edad marca un rejuvenecer y un realizar objetivos, proyectos y decisiones con fuerza. Para que esto ocurra, está claro que va a depender del estado anímico, psicológico, espiritual y físico de la persona que llegue a este tránsito.

Consejos

Ya que sabemos desde muy antiguo que los cuarenta años es una edad muy importante, mi mejor consejo es que hablemos: Primero, con las personas mayores que nosotros; segundo, con alguien que tenga un profundo conocimiento de la astrología, el humanismo, e incluso buscarse un director espiritual. Si ya de por sí es una época que marca mucho nuestro futuro, creo que puede ser importante realizar actos, ejercicios y todo cuanto haga quemar energía, para que la posible depresión pueda ser más llevadera. De manera especial recomiendo que si hasta esta edad no se han leído libros llamados de autoayuda, ahora es el momento de hacerlo.

La edad de los cuarenta y siete a los cincuenta y seis años: los años positivos

Denominaremos a estos años los años positivos y sosegados. Por un lado, toda la vida que la persona ha llevado consigo, a través de las experiencias, tanto positivas como negativas. Lógicamente, la persona ha experimentado muchas formas de vivir, sentir, reír y también llorar. De ahí la frase tan famosa: «La experiencia es la madre de la ciencia». Pues bien, en estos años hemos de hacer también notoria la cuadratura del planeta Plutón, pues ésta puede dar momentos todavía negativos. Aquí también aparece el cuarto retorno del planeta Júpiter; más adelante alrededor de los cincuenta años, de nuevo, aparece un trígono del planeta Saturno. Este elemento nos da bastante estabilidad, por cuanto hemos aprendido de él en nuestras vivencias hasta este momento. Hacia la edad de los cincuenta y cuatro años, tenemos dos excelentes y armoniosos trígonos: el primer y único trígono del planeta Neptuno y el segundo trígono del planeta Urano. Por este motivo, nuestro carácter estará muy positivo para poder llevar a cabo planes venideros; así mismo, para poder disfrutar y sentir las formas de carácter filosófico que nos llenen y atraigan. Podemos decir que estos años son los más felices de nuestra vida. Por un lado, podremos llevar a cabo las ambiciones y deseos que hemos estado soñando en nuestra etapa anterior. Observamos que pasar la puerta gigante de los años cincuenta nos va a ser más fácilmente posible que la de los años cuarenta.

CONSEJOS

Aproveche esta coyuntura para poder conseguir de forma positiva todos sus sueños, deseos e ilusiones que en años anteriores no ha podido llevar a cabo. Se supone que ahora no se va a poner a hacer carreras de ciclismo, pero sí llevar a cabo lo que no ha podido en su etapa anterior. Así que póngase en marcha y viva estos años con mucha ilusión y entusiasmo.

La edad de los cincuenta a los sesenta años: época de madurez y concreción

Como bien irá comprobando la persona que llega a esta edad, su subconsciente ha pasado por diferentes pasos, épocas, e incluso cambios políticos, cambios psicológicos, procesos y desarrollos en la sexualidad, etcétera.

Pues bien, entre los cincuenta y ocho y los sesenta años nuevamente los planetas Júpiter y Saturno, planetas que en su binomio nos ayudan para poder desarrollar y formar nuestro carácter y forma de ser, igualmente para poder conseguir el equilibrio que tanto se busca en la vida, que dicho sea de paso no solamente el signo astrológico de Libra busca el equilibrio, todo ser humano tenga el signo que tenga lo está buscando constantemente. Como decíamos, los planetas antes citados vuelven de nuevo casi al mismo tiempo a su posición natal: el planeta Júpiter con su quinto retorno y el planeta Saturno en su segundo retorno. Para muchas personas, por ejemplo si son abuelos, encuentran en sus nietos muchas cosas que ellos tenían de niños, y algunas nuevas que aprenden de sus nietos. La satisfacción por tanto es muy grande cuando se encuentran con estos niños.

Se han llevado a cabo muchos estudios psicológicos de esta etapa de la vida, a la cual se le denomina «tercera edad». A la conclusión que se ha llegado es que la persona necesita más cariño y consideración debido a la sensibilidad que conlleva esta época.

CONSEJOS

Considero de valentía dar consejos a una persona de «la tercera edad»; no obstante, como astrólogo quiero orientar, por haber experimentado en las personas de esta edad, qué es lo que necesitan y lo que buscan de la vida que les queda por vivir. Primero, si tienen nietos, que disfruten de ellos, que los vean al menos un día por semana, que vivan con alegría el hecho de haber llegado a esta edad. Segundo, que compartan de forma hablada sus experiencias anteriores, en una palabra que se comuniquen; tenemos mucho que aprender de estas personas. Tercero, recordemos que en las civilizaciones antiguas estas personas eran los pilares para conseguir que los más jóvenes pudieran desarrollar una vida con plenitud.

La edad de los ochenta años: época de la libertad, el primer retorno de Urano

Para haber podido llegar a esta edad, la persona en cuestión ha vivido hasta los ochenta años 29.220 días. ¿Han pensado en alguna ocasión que lleva a sus espaldas «701.280 horas de existencia»? Ya no seguimos con los minutos porque sería tremendo.

Pues bien, en su retorno el planeta Urano, al volver a su posición natal, sobre esta edad de los ochenta años, nos indicará excelentes cambios, sorpresas, formas nuevas de vivir y sentir la vida.

Sobre la edad citada sucede el caso que denominamos la «memoria senil»; por un lado, se recuerdan cosas de muy atrás, de manera especial de la época de la infancia y juventud, «es bueno recordar que el planeta Urano actúa sobre cosas del pasado», y por otro lado no se recuerdan hechos recientes.

LA CARTA ASTRAL

La Carta Astral se compone de un círculo de 360 grados, 30 por cada signo del Zodíaco. Está compuesta por cuatro elementos, los diez planetas, los doce signos astrológicos, las doce Casas y los aspectos que forman los planetas entre sí.

La Primera Casa, o el ascendente, nos define exactamente el signo del Zodíaco, que está llevado por encima del horizonte oriental, justo en el momento del nacimiento. Esto queda reflejado coincidiendo con nuestra primera respiración independiente de nuestra madre. El signo del ascendente ve la luz por primera vez en el momento preciso del alumbramiento del cuerpo materno.

¿Qué datos necesita un astrólogo para una Carta Astral? Por un lado, el nombre de la persona, el día del nacimiento, el mes, el año, el lugar y, algo importante, la hora lo más precisa posible. Si no sabemos la hora con exactitud, es mejor poner las 12 del mediodía. Las personas suelen preguntar si cambia mucho la Carta Astral si no sabemos la hora. Bien, como los planetas más rápidos son por un lado la Luna, Mercurio, Venus y Marte, si el astrólogo es bueno, puede hacer coincidir la hora buscando acontecimientos que le hayan pasado a la persona; a esto se le llama correr la hora del horóscopo.

Llamamos hora local a la hora del Meridiano del lugar de nacimiento de la persona, pero hemos de tener en cuenta que nosotros trabajamos y nos guiamos por la hora de Greenwich, es decir la hora que se encuentra en París en el reloj del Observatorio. Para quienes no tienen mucha seguridad con relación a en qué hora han nacido, les sugiero que soliciten una partida de nacimiento literal; la pueden conseguir, si han nacido en un pueblo, en la iglesia o Juzgado, allí estará reflejada con exactitud la hora de nacimiento.

Aspectos de una carta astral

Por un lado, el carácter de la persona, su relación con el dinero, la relación familiar, las aficiones: si le gusta viajar, cómo es el comportamiento en su casa. Cómo vivirá y sentirá el amor, si le gustan los niños, los juegos de azar, cómo vive el trabajo, si tiene tendencia a trabajar solo o acompañado, las posibles enfermedades que puede tener a lo largo de su vida, si aspira a formar una familia o prefiere vivir en soledad. Cómo las demás personas pueden ayudarle a ganar más dinero, cómo vive su propio destino. Si tiene muchos deseos de viajar al extranjero, si realizará una carrera superior y qué carrera puede ser, si le gusta o tiene posibilidades para las ciencias ocultas. El destino de la persona: si vivirá en su pueblo o ciudad natal, las veces que puede cambiar de casa por ejemplo, la relación con los amigos, profesores; si será una persona de éxito y si tiene posibilidades de ser una persona popular, la relación con las mujeres, la relación con los hombres, la relación con sus amigos y si serán amigos importantes. También los enemigos que puede tener su vida, los juicios, divorcios y, sobre todo, algo para mí muy importante, las compatibilidades que tienen unos signos con otros. Todos los seres humanos nos podemos llevar bien, pero existen unas afinidades de signos, como por ejemplo: Aries con Libra, Tauro con Escorpio, Géminis con Sagitario, Cáncer con Capricornio, Leo con Acuario y, por último, Virgo con Piscis; todos ellos entre sí están en oposición, y sabido es que todo lo opuesto se atrae; después estarán las combinaciones de elementos y habrá que tener en cuenta sus ascendentes y otros elementos.

NOTA DIVULGATIVA DEL AUTOR

A través de mis veinticinco años investigando la astrología, vengo relacionándome con todos los signos del Zodíaco y reconozco que no he conocido a dos seres humanos iguales. Me explicaré: cuando estamos hablando de un signo astrológico, queremos decir que el Sol estaba en ese momento en Virgo, por ejemplo, que es mi signo astrológico, pero hay que tener en cuenta el ascendente de la persona que hemos de estudiar, ver su Luna y el resto de los planetas, como por ejemplo Marte, para ver la capacidad de constancia y poder que tenga la persona que no se identifique al cien por cien en este libro, que piense que nada es ex cátedra y que la voluntad de la persona puede estar por encima de lo que le diga su horóscopo. Otra cosa a tener en cuenta es dónde ha nacido la persona; si por ejemplo nace en un país árabe donde la bebida está prohibida, me refiero «alcohólica», el planeta Neptuno, que es el de los alcohólicos, le hará menos influencia que si nace en un país occidental, por ejemplo. Lo que puedo asegurar es que el ascendente de la persona a medida que va avanzando su edad cada vez se identifica más el carácter, y esto es lógico porque, al ser la casa uno el ascendente, la persona vive diferentes experiencias que van marcando su carácter cada vez más fiel al ascendente. En muchas ocasiones, como vamos buscando nuestra alma gemela, un nativo de Géminis se expresa como uno de su opuesto, es decir de Sagitario y viceversa; teniendo en cuenta todos estos datos podemos comprender mejor la astrología, además no está de más saber que los planetas tienen una fuerte influencia en nosotros; pongamos por caso mi buen amigo Julio Sabala, gran showman e imitador, nacido bajo el Sol en Virgo, así como Mercurio y Plutón también en Virgo. Esto demuestra la teoría de que para la imitación va muy bien que se tengan muchos planetas en Virgo. El ambiente familiar también influirá en la persona: amigos, esposa, amante o lo que sea, ya que queramos o no el hombre y la mujer estamos en un constante cambio, que nos viene en ocasiones por los oídos, otras por la vista y por los restantes sentidos.

Por esta razón considero, amigo lector, que ha sido inteligente «acercándote a la astrología» con decisión, ya que el conocimiento humano es tan amplio que cuanto más sepamos de la vida más felices podemos ser. Así no nos pasará como decía una gran escritor: «El médico que sólo sabe de medicina no es ni médico». Quizá sea exagerada la frase, pero lo cierto es que hoy en día al ser humano se le exige cada vez más que tenga conocimientos en los diferentes campos de la vida; por este motivo es de capital importancia el que sepamos cuál es nuestro signo astrológico y de una forma más profunda las características de nuestra Carta Astral.

Pensemos por ejemplo en una reunión, una cena, una fiesta, todos tenemos un signo astrológico y por eso podemos hablar, preguntar, dialogar y romper el hielo para que haya una comunicación, y esto lo podemos conseguir simplemente preguntando el signo astrológico de la persona; a buen seguro que de esta forma conseguiremos aumentar nuestro círculo de amistades. Saber un poco más por qué diferentes elementos astrológicos reaccionan de una manera y otros de otra.

Amigos lectores, gracias por llegar hasta aquí, espero y deseo que se hayan divertido leyendo este libro que he escrito con todo mi corazón, cariño, pasión y entusiasmo que he sido capaz. «La verdad está en nosotros», y si con esta lectura han conseguido un poco más de curiosidad hacia la astrología y si con ello se han animado a profundizar más en los signos del Zodíaco, ¡mi enhorabuena! La vida es para vivirla, cada cual la suya por supuesto, y vivir es adquirir conocimiento, como lo es el respirar.

Verá cómo puede conseguir una mejor comunicación, por ejemplo, con sus vecinos e incluso con las personas de su trabajo; nada hay de malo en saber el movimiento humano y la influencia astrológica. Ojalá un día nos encontremos en el camino de la vida y me pregunte: ¿Cuál es su signo astrológico? Y mejor todavía, es posible que lo adivines, así que ánimo que la vida es bella y podemos disfrutar con ella. Decía un autor: ¿Has pensado si estás viviendo tu vida o la que quieren los demás?

De nuevo, un millón de gracias por su interés en esta lectura. «Yo cuando he leído un libro o varios he sentido gran placer y me he entusiasmado tanto que para mí era como si estuviese hablando y dialogando con un amigo en ese momento». Créame, leer es tan hermoso y constructivo que de alguna manera, en una semana, o un mes, es posible asimilar las experiencias de una persona que se ha pasado media vida investigando sobre cierto tema, en mi caso por ejemplo sobre la astrología.

Para conocer realmente a una persona, sea del signo que sea, es necesario convivir con ella, y de no ser así al menos poder verla en diferentes momentos y facetas de su vida. Cómo se comporta, por ejemplo en una reunión, en un concierto, con la familia, en un viaje y sobre todo en algo que tenga que ver con su intimidad. Si somos sinceros, en ocasiones no nos conocemos ni a nosotros mismos. En los continuos avances que la humanidad lleva a cabo, es posible que un día no muy remoto podamos congratularnos del saber en el conocimiento humano.

Hablamos mucho de la niñez, que es la que más influye en nuestro comportamiento futuro, es muy posible que así sea, pero también es verdad que muchas veces nos da miedo el conocernos a nosotros mismos y huimos de la realidad. Metiéndonos en el alcohol, las drogas, el tabaco, etcétera. Espero que llegue el día en que podamos brindar por ese conocimiento humano que vamos desarrollando. Hasta entonces, queridos amigos, intentemos respetarnos y profundizar sobre algo tan hermoso, fantástico y apasionante como es la mujer y el hombre. ¡Ánimo! Merece la pena invertir tiempo en ello; a fin de cuentas un monumento, por muy hermoso que sea, no nos puede comunicar lo que una persona (aunque me encantan los monumentos). Pongamos todo nuestro amor en conseguir desarrollos importantes en nuestro descubrimiento humano. Hasta ese momento, si quiere, puede contar conmigo y juntos experimentar un gran crecimiento y conocimiento interior para satisfacción mutua.

Gracias amigo lector por su deseo de superación. Si «cuando ayudamos a los demás a subir a la cima, nosotros estamos más cerca de ella». Me apasionaría subir con usted a la cima del progreso, del amor y sobre todo de la felicidad. Si caemos en el intento, podemos levantarnos de manera especial, teniendo en cuenta que en cada dificultad existe una ventana o solución. Como nos dice el gran músico aragonés Gaspar Sanz: «Cada persona ha de seguir a su estrella», y en el firmamento hay muchas, considero que hay más de una a seguir. Si le es posible comunicarse con los doce signos del Zodíaco, creo que el beneficio que ello puede aportar a su conocimiento de esta antigua ciencia que es la astrología puede ser extraordinario.

Profesor Mércury

ACRÓSTICO SOBRE LA ASTROLOGÍA

Autor: *Profesor Mércury*

ADQUIERE CONOCIMIENTO DE ESTA CIENCIA TAN
ANTIGUA.

SABRÁS MUCHO MÁS QUE ANTES DE COSAS QUE
NO SABÍAS.

TEN PACIENCIA Y TESÓN CON LOS SIGNOS DEL
ZODÍACO.

REMA FUERTE Y CON PRUDENCIA CON LOS PLANE-
TAS DEL FIRMAMENTO.

OPOSICIONES HAY MUCHAS AL CAMINAR POR LA
VIDA.

LEE CON DETENIMIENTO LA LEY DE LA SABIDU-
RÍA.

OLVIDA LO QUE NO TE GUSTE, ESTUDIA CON SIM-
PATÍA.

GRACIAS AMIGOS LECTORES POR CREER EN LA
ASTROLOGÍA.

ÍNDICE DE TU MANO DULCE MELODÍA DOCE SIG-
NOS DEL ZODÍACO.

AHORA TIENES LA OPORTUNIDAD DE CONOCER
MÁS LA LEY DIVINA.

La era de Acuario

Se está hablando mucho sobre la «Era de Acuario», en ocasiones con conocimiento de causa y otras con poco conocimiento sobre el tema. Bien es verdad que hemos pasado una era, la de «Piscis». Creo importante que tengamos en cuenta que la famosa Era de Acuario tiene muchas connotaciones; por un lado está un fenómeno que ocurre cada ochenta y cuatro años, que es la entrada el día 12 de enero de 1996, a las 07,13 horas, hora local, hacia su aparición en el firmamento de Urano en su propio signo, es decir el Acuario. Como ya es bien sabido, este planeta lento tarda siete años en pasar de un signo a otro; así que hasta el día 10 de marzo del año 2002 no entró Urano en Piscis, a las 20,54 horas, hora solar, y otro fenómeno es que desde ese año Júpiter se halla en el signo de Acuario (dicho sea de paso, como a mí me afecta Júpiter en mi Casa 5, la de la creatividad, me encuentro más que nunca), donde permaneció hasta el día 4 de febrero de 1998, y a las 10,53, hora solar, entró en el signo enigmático de Piscis.

Volviendo al tema denominado la «Nueva Era», o Era de Acuario, si observamos los cambios que se están produciendo mundialmente, podremos comprobar que realmente existen cambios muy importantes; por un lado los ordenadores, que son de Urano; la amistad, la libertad, los cambios de parejas, todo esto lo realiza el planeta de la libertad, que es Urano. Por otra parte, cada vez son más las personas que se inician en las ciencias ocultas, se editan nuevos libros sobre estos temas y algo importante que quiero anotar aquí como final del libro: Querido lector, ¿ha observado que aparte de estos acontecimientos existen otros menos agradables, como la muerte colectiva de sectas y otras cosas? Por esto quiero apuntar que el hecho de que estemos en la Era de Acuario, como ya ha podido ver que cada una de las doce casas astrológicas tiene unas connotaciones, si realizamos la Carta Astral, veremos que en esta famosa Era, el medio cielo, para ser más exactos el destino de ello, es Escorpio en el medio cielo, dominado por Plutón, lo que quiere decir que, como Escorpio destruye para construir mejor, ese fenómeno se está cumpliendo en muchas ocasiones. Para finalizar diré que es bueno informarse de los acontecimientos que nos pueden traer, como habrá intuido el lector, los ordenadores, que cada vez más van a realizar labores que nunca antes podríamos haber imaginado. Ojalá estas fechas traigan amor y comprensión a cada ser humano.

Un mensaje de esperanza

Cuando nos traen a este mundo terrenal, nos paren desnudos, y por suerte para nosotros nos van alimentando y dan una cultura, conocimientos, vamos teniendo nuestras propias experiencias, y ello va creando un carácter en nuestra forma de ver la vida. Para bien de la humanidad, sin ningún tipo de distinción, creo necesario que nos coloquemos la mano en lo más profundo de nuestro corazón y ahondemos en la riqueza de la vida, en la armonía de un árbol, una planta, una flor, el canto de un jilguero. El amor que una madre pone en dar la leche a su hijo recién nacido, enseñándole a caminar, a distinguir las cosas buenas de la vida, en darle unos principios para cuando sea mayor.

Queridos amigos y nativos de los doce signos del Zodíaco: Respetemos a nuestros hermanos, respetémonos a nosotros mismos y, cuando una situación planetaria nos esté ayudando, seamos dichosos y cuando, por el contrario, nos esté fastidiando, aprendamos la lección para que de esta manera podamos crecer en esta vida que nos ha tocado vivir, y, algo fantástico, me alegraría que sin dejar Aries de ser Aries, aprendiera de los once restantes; Tauro, sin dejar de ser Tauro, aprendiera de las cualidades de los restantes signos y así hasta llegar a Piscis. Quedaré enormemente satisfecho si con todo cuanto aquí he dicho ayudare a crear un entusiasmo astrológico, y si trabaja, estudia o simplemente vive, le sirva para conocer algo más el comportamiento humano según los astros. Adelante con su vida y piense que cada día puede ser más feliz si se perdona algo que siempre ha estado criticándote; así mismo perdone a su hermano, a su enemigo, dialogue como lo haría un Géminis, diviértase como lo hacen los nativos de Leo y Sagitario, aprenda de lo maternal y familiar de Cáncer, de la fuerza y el poder para ayudar en los momentos difíciles de Virgo, de la belleza y la armonía de un nativo de Libra, del poder espiritual de Escorpio, del poder para superar los obstáculos de Capricornio, de la amistad y humanidad de Acuario, de la voluntad y amor propio de Aries para empezar cosas, de lo buen economista que es un nativo de Tauro y de la potencia que tiene un nativo de Piscis para el sacrificio y la inspiración premonitoria.

CURRÍCULUM VITAE

NOMBRE: Profesor Mércury. Astrólogo, vidente, sanador, reiki máster, músico terapeuta y compositor-director del centro de Amor y Sanación.

DIRECCIÓN: C/ Alonso Cano, 30 - 3.º2 D - 28003 Madrid.

NACIDO: 10 de septiembre de 1943 en Olite (Navarra).

TELÉFONO: (91) 442 81 96 - Móvil: 908 727 118.

D.N.I.: 15.725.906-R.

MANAGER: Grupo P.S.A.

DIRECCIÓN: P.º del Rey, 26 - 2.º A - 28008 Madrid.

TELÉFONOS: 91 547 20 00. Móvil: 909 267 138 - 909 084 561.

Estudios académicos
- Gabinete de Investigaciones Astrológicas de Madrid.
- Facultad de Estudios Astrológicos de Inglaterra.
- Universidad Autónoma de Madrid. Humanidades Contemporáneas.
- Estudios de Numerología, Tarot, Reiki, Biorritmos, Pensamiento Positivo, Graduado de los Cursos Dale Carnegie de Oratoria Efectiva, Relaciones Humanas, Pensamiento Positivo y Desarrollo Personal.
- Estudios de Astronomía, con don José Ripero.

Desarrollo profesional
- 1991-1994: Presentación vídeos de Astrología de Warner Home Video en el Hotel Castellana Intercontinental de Madrid, sobre «Los doce signos del Zodíaco».
- Conferencias sobre «El pensamiento positivo» en centros culturales y ayuntamientos: Madrid, Navarra, San Sebastián y Barcelona.

- 1990-1994: Conferencias sobre «La Astrología y el Amor» en Centro Cultural La Vaguada, Café Comercial de Madrid, Centro Cultural de Olite (Navarra).
- 1992-1994: Participación en los festivales de las Ciencias Ocultas y Medicinas Alternativas en Móstoles (Madrid), Madrid, Barcelona, Sabadell, San Sebastián.
- 1992-1993: Horóscopo Mágico Telefónico.
- 1995: Realizó predicciones en la sala Pasapoga de Madrid.

Prensa
- 1991-1995: Director de la Sección Astrológica del periódico *Diario Informaciones*.
- Director de la revista de ciencias ocultas *Mágica es enigma*. Colaborador en J. C. Producciones y Distribuciones de Málaga y México.
- Colaborador en el libro *Hechizos de América*.
- Colaborador en el libro *El Horóscopo y su profesión*.

Revistas
- *Sal y Pimienta*.
- Lib. Super Lib. (de España y Francia).
- *Grandes Toreros de España*, haciendo predicciones sobre el mundo de los toreros.
- Actualmente dirige la Sección Astrológica del magazine *Madrid y sus servicios*, *Teletipo Chamberí*, *Keops*, *El Eco de Chamberí* y *Ocio Latino*.

Ha sido entrevistado para
- *Diario de Navarra, Navarra hoy*.
- *Periódico Ya*.
- *Diario Informaciones*.
- *El País*.
- *ABC*.
- *TV Plus*.
- *Oráculo*.
- *Su futuro*.
- *Diario de Canarias*.
- *Karma 7 y otros*.

- *Pronto.*
- *La Gaceta de Madrid.*

Radio
- 1190-1995: *Radio Intercontinental*, en programas relacionados con las ciencias ocultas.
- 1988-1995: Entrevistas y predicciones en diversas emisoras de radio, *Radio de España* y *Radio Exterior*.

Adivinaciones más importantes
- Largo cautiverio de Emiliano Revilla.
- Vuelta a los toros de «El Niño de la Capea».
- Vuelta a los toros de Manuel Benítez «El Cordobés».
- Éxitos de César Rincón y Enrique Ponce.
- Éxitos de Miguel Induráin.
- Triunfo del presidente Bill Clinton.
- Éxitos del Fútbol Club Barcelona en la Copa de Europa y Liga Española 1992. Triunfo de la Selección Española contra Dinamarca.
- Éxitos Club Deportivo Tenerife.
- Triunfo de Jesús Gil.
- Curación de José Carreras.
- Éxito mundial de Arancha Sánchez Vicario (fue predicho en el año 1991).
- Triunfo de José María Aznar, elecciones generales de 1996.
- Éxitos Club Deportivo Atlético de Madrid, Liga 1996.
- Adivinaciones alijos de droga en diferentes partes de España.

Cine
- Trabajó en la película «El Rey Pasmado», de músico.
- En la película «Los resucitados», de mago Merlín.

Teatro
- Trabajó de músico en la obra «El Quijote».

Televisión
- Canal 1 (TVE): Programa «Las doce en punta» (coloquio sobre las ciencias ocultas). Entrevista sobre la Sanación.

- Tele 5: Programa «Todo por la pasta» (adivinando las respuestas para los participantes).
- Televisión Antena 3: Canarias (adivinando éxitos Club Deportivo Tenerife).
- Telediario Tele 5: Constelación Ofiucus.
- Tele 5: «De qué parte estás», hablando también de este mismo tema. Telediario Tele 5: Predicciones sobre la boda de la Infanta Elena.
- Canal 1: Televisión de Bidasoa (Irún), entrevista relacionada con las Ciencias Ocultas.
- Tele 5: «Por hablar que no quede», dirigido por Julián Lagos.
- El Foro Internacional de las Ciencias Ocultas.
- Canal 29, Telemadroño (Madrid): Entrevista sobre la Astrología.
- Teleganés Canal 22: «Otra dimensión», programa relativo a las Ciencias Ocultas, Videncia, Tarot, etc.
- Tele 5: Programa de Luis Mariñas sobre la Sanación: «Hora Límite».
- Tele 5: Telediario, haciendo predicciones deportivas y políticas (acertando en enero el triunfo del Atlético de Madrid, Liga 1996).
- Tele 5: «Hoy cruzamos el Missisipi», sobre las técnicas de Sanación y autosanación Reiki, 25 de julio de 1996.
- Tele Canal Siete: «Noche canalla», como maestro y sanador de Reiki, 26 de julio de 1996.
- Canal Nou: «De la mar a la mar», sobre el método de sanación y autosanación Reiki, 24 de julio de 1996.
- Tele 5: «Hoy cruzamos el Missisipi», predicciones, octubre 1996.
- Tele 21 (Televisión de Canarias): sobre la sanación y predicciones, enero de 1997.

Premios
- 1989: Sambrasil Sala de Fiestas, en Madrid, por sus conocimientos en Astrología, Videncia y Telepatía.
- 1992: Restaurante Gredos en Madrid, homenaje a sus veinte años en las Ciencias Ocultas.
- 1993: «Langostino de Oro», premio a la popularidad.
- 1993: «Magic Internacional Sefirot», premio al mejor especialista con mejor proyección del Festival de las Ciencias Ocultas y las Medicinas Alternativas en Barcelona.

- 1994: «Limousine», premio como vidente, sanador y astrólogo.
- 1995: «Buenas vibraciones», premio como personaje famoso.
- 1995: «Retro», premio cultura y amistad por éxitos humanos.
- 1995: «Iris», Medalla de Oro, premio a la amistad.
- 1996: Premio a sus veinticinco años en las Ciencias Ocultas. Madrid.

Consulta en Madrid y Navarra

- Ha hecho las Cartas Astrales de famosos como: Miguel Induráin, Luciano Pavarotti, Manuel Benítez «El Cordobés», Juan Antonio Ruiz «Espartaco», Julio Iglesias, Miguel de la Cuadra Salcedo, Patricia Kraus, Isabel Prinz, Alfredo Amestoy, Ivonne Reyes, José María Aznar, José Luis Coll, así como otros muchos personajes de los cuales no hay permiso para la divulgación de sus nombres.

Actividades actuales

- Realiza conferencias sobre el Pensamiento Positivo, la Astrología y el Amor, el Reiki.
- Autor de los libros titulados *Acércate a la Astrología, Reiki, Amor*.
- Colabora en Radio, Prensa y Televisión.
- Es invitado de honor y le hacen entrevistas en los medios de comunicación.
- Dirige la Sección de Astrología de *Ecos de Chamberí, Teletipo Chamberí, La Gaceta de Madrid* y *Ocio Latino*.
- Divulga como maestro de Reiki y sanador esta ciencia milenaria, impartiendo cursos, para enseñar a las personas a sanar a los demás y a sí mismos.

BIBLIOGRAFÍA

Introducción a la astrología. Editorial de Vecchi, S. A., 1971.

Horóscopo día a día. Profesor Lester. Editorial Bruguera.

Las Signos del Zodíaco y su carácter. Linda Goodman. Ediciones Urano, S. A., 1984.

Los signos del Zodíaco y el amor. Linda Goodman. Editoral Pomaire, 1981.

Los signos del Zodíaco y las estrellas. Linda Goodman. Javier Vergara, Editor, 1988.

Diccionario astrológico. Henri-J. Gouchon. Luis Cárcamo, Editor, 1987.

Carta astrológica, claves y glosario. Zaniah. Editorial Kier, S. A., 1981.

Manual de astrología. J. de Gravelaine y J. Aimé. Editorial Martínez Roca, 1974.

Espacio y Símbolo en astrología. José Luis San Miguel de Pablos. Editorial Obelisco, 1987.

Simbolismo Direccional. Francisco Tomás Verdú Vicente. C/ Alfonso Peña, 6. Valencia, 1985.

Urano-Neptuno, un reloj astrohistórico. José Luis San Miguel de Pablos. Editorial Barath, S. A., 1998.

El poder secreto de la Luna. Vicente Cassanya. Ediciones Temas de Hoy, S. A., 1992.

Piscis, Neptuno y la Casa XII. Marco Boni de Aristazábal. Editorial Independiente «El Universo Interior», 1991.

Un factor Júpiter Ramsés Al-Naser, 1995.

150 Biografías astrológicas de vascos y otros europeos. Goio Lozano. Aptdo. de Correos 1.056. 28080 San Seabastián, 1995.

Las Doce Casas. Howard Sasportas. Ediciones Urano, S. A., 1987.

El Soñador Visionario. Paul Haydn. Editorial Urano, S. A., 1991.

Relaciones Humanas. Liz Greene. Editorial Urano, S. A., 1987.

Guía Astrológica de Matrimonio. Nicole y Joel Devilliers. Luis Cárcamo, Editor, 1988.

El Horóscopo Chino. Swami Deva Jayant-Massimo Rocchi. Editorial de Vecchi, S. A., 1985.

Prevenir y curar con la astrología médica. Huguette Hirsig. Ediciones Robinbook, S. L., 1993.

Observaciones astrológicas. Jean-Baptiste Morin. Editorial Humanitas, 1982.

Guía Astrológica de las Profesiones. Robert G. Walter y Howard Saportas. Editorial Urano, S. A., 1990.

El Cálculo del Horóscopo. Antonio Vich. Luis Cárcamo, Editor, 1988.

La Parte de Fortuna en el Horóscopo. Martín Schuman. Ediciones índigo, 1989.

ÍNDICE

Agradecimientos 5
Prólogo 7
Introducción a la astrología 13
Los doce signos del Zodíaco 21
    Aries 23
    Tauro 33
    Géminis 43
    Cáncer 53
    Leo 63
    Virgo 73
    Libra 83
    Escorpio 93
    Sagitario 103
    Capricornio 113
    Acuario 123
    Piscis 133
Significado de las doce casas 143
Aspectos astrológicos 147
Los tránsitos 151
Los ciclos planetarios y sus edades 155
La Carta Astral 171
Nota divulgativa del autor 173
Acróstico sobre la astrología 177
Currículum vitae del autor 181
Bibliografía 187

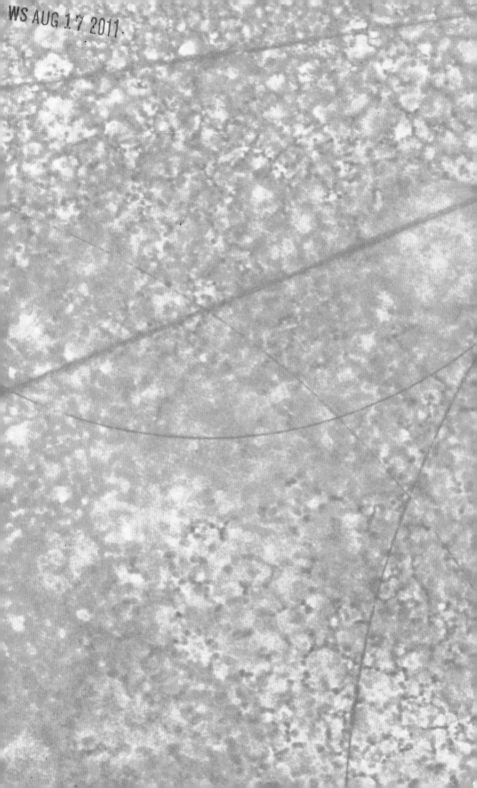